原子習慣

Atomic Habits: An Easy & Proven Way to Build Good Habits & Break Bad Ones

細微改變帶來巨大成就的實證法則

詹姆斯・克利爾（James Clear）——著
蔡世偉——譯

【目錄】

──法則4──
讓獎賞令人滿足

──進階策略──
如何從「A」到「A+」

有問題可立即翻閱

法則 1	
如何建立新習慣？	第 5 章
怎麼知道一項習慣是好習慣或壞習慣？	第 1、4、15 章
如何認出並避免壞習慣的觸發因子？	第 7、10、14 章
如何打造有助於養成好習慣的環境？	第 6、12 章
我們永遠無法真正戒除壞習慣，是真的嗎？	第 7、10、14 章
如何培養自制力？	第 6、7、12 章
法則 2	
習慣變無聊了怎麼辦？該如何堅持下去？	第 8、9、14、19 章
若我的習慣違反社會環境的常理，我該如何維持動力？	第 9 章
法則 3	
我知道我應該做，卻依舊還沒去做。為什麼我沒辦法開始？	第 13 章
我知道我不應該做，卻欲罷不能。我該如何維持自律？	第 14 章
養成新習慣需要多久時間？	第 3、11 章
如何讓改變盡可能容易發生？	第 12 章
改變可以小到什麼程度，卻依然有作用？	第 1、2 章
法則 4	
如果我只有養成一項新習慣的時間，可以挑選的最佳習慣是什麼？	第 18 章
若我不會立刻看到結果，該如何維持動力？	第 1、16、19 章
如何讓自己對習慣養成負責？	第 17 章
重新執行習慣，回到正軌的最佳策略是什麼？	第 16 章
如何明確追蹤自己的習慣？	第 16 章

〈推薦序〉

一本可以實際運用的習慣改變指南

艾爾文

此刻的你，想想看，是什麼原因讓你發現這本書？是書名吸引了你？還是書封上某個圖案、顏色，或是因為它被擺在架上剛好被你看到？又或者，你是因為一則書評、一位朋友的介紹，直接從網路訂書寄到家裡？無論如何，這些都是某個原因而促發的行動。

然而你是否思考過，到底人的行動有多少是呼應外在的需求，又有多少來自內在的習慣？

看過這本書你將會發現，人經常看似某個明顯原因而採取的行動，並不全為有意識的決定，而是在決定之前，自身的習慣就已經預設好幾個選項，甚至在你還沒發現前，就已經幫自己決定好要怎麼做。

不過我要特別提一下，書中內容不只如此，它還告訴你如何培養好習慣的方法，從心態上醞釀，從生活裡調整，進而做出影響人生的正向改變。

隨著市面上探討習慣的書變多，許多人漸漸知道，習慣能夠改變一個人，也知道習慣爲什麼會改變一個人。但說到如何運用習慣改變自己，很多人還是找不到方法。過往我就讀過許多跟「習慣」有關的書，只是多數的內容偏重習慣對人造成的影響，談到較多的理論而不是實際的運用。而本書最大的不同，就是除了說明習慣如何影響你，更著墨在如何利用習慣改變自己。

本書作者投入習慣的研究已經有好多年，他寫的文章在網路上廣爲流傳，我算是很早就追蹤的讀者之一。就我觀察，雖然作者提出的觀點不見得是新的，但因爲他經過長期的實踐，提供很多新的方法去建構有幫助的習慣。不論你是醫師或老師，是學生或父母，是上班族或創業的人，書的內容應該都能夠幫助到你。

先來說說爲什麼了解習慣對人有幫助。你或許曾聽過「人生就是一連串的選擇」，聽起來很有道理，我也不否認。不過你再深入去想，這是否代表人只要專注在做對的選擇，人生就會愈來愈好？可是，你回顧自己走過的路，過去眞的足以影響你人生關鍵的「選擇」有多少？其實並不多，有些人或許一生也才碰到一、兩次而已。

事實上，影響人生的原因，很大部分是來自我們的習慣。因爲習慣雖然是一點一滴地形成，帶來的改變也不是一朝一夕就發生，影響卻可能是一生一世。

比如觀察一個人的體態，相較於多數同年齡的人，他若顯得更健康或更強壯，他肯定是長期花時間控制飲食跟運動。一個人的英文流利，也肯定花了很多時間不斷練習口說跟記單字。能夠高效管理時間的人，通常在生活其他層面也是自律的人。

人生中有很多的夢想、目標，都是需要長時間累積才能完成，沒有捷徑。大部分時候我們要靠的不是選擇，而是習慣。

換句話說，培養習慣不只是一個觀念，更是打造人生的一把武器。

如同書中令人印象深刻的英國自行車國家隊故事，只要微調運動員一點點的習慣，累積起來的複利效應就很驚人，讓自行車隊在短短幾年間，就從國際比賽裡一金難求，變成運動賽事的長期霸主。事情的發展很難讓人相信，結果卻又如此具有說服力。

如果此刻的你正處於人生的轉折期，希望你也相信，許多的不可能，其實都是不知道而已——不知道方法，不知道轉念，不知道習慣的影響。

不過有一點還是要提醒：習慣確實不容易養成，也無法立竿見影。如果你過於期待結果，想要突飛猛進，而一次設定太高的目標，效果通常也不好。反而是一步一步來但持續去做，才走得遠、走得久，成效自然會慢慢浮現。

如同經營人生的智慧，慢慢走，更快到，這是一場自我實現的馬拉松，而不是跟別人爭搶的百米競賽。

（本文作者爲理財與勵志暢銷作家）

〈推薦序〉

別挑戰人性，培養好習慣不靠「意志力」

溫美玉

我們想要運動減肥、戒菸、早睡早起，也訂定了諸如「每週運動三次」「每天晚上十點就寢」等目標，但往往不敵看劇、滑手機這類誘惑。這時，好習慣的實行計畫就告吹了！於是，我們開始自責，怪罪自己意志力、毅力不足，逼自己重新嚴格遵守幾天後，又重蹈覆轍，陷入無止境的惡性循環。

《原子習慣》這本書，從科學與心理學的基礎，教導你從微小的行爲／想法改善開始，慢慢讓計畫的目標不再失敗。與印象中的勵志書籍不同，這不是一本激勵你拚命和本能搏鬥、用意志力苦撐達到目標的書。不必擔心書中會怪罪你的失敗來自「自制力不足」，它反而說人的本性都是如此呢！這也是本書讀來如此親切的原因，因爲它是如此貼近人類群體的本性，連破解「壞習慣」、建立「好習慣」的策略，都不忘採用「人性化」的方式，令人迫不及待想試試！

大腦很懶惰，該怎麼辦？

回想我自己在小學教育現場的發現：困難的作業（像是令人頭痛的「作文」），在學校寫的品質往往比帶回家寫還要好。明明在學校只有早自修和課堂時間約一小時可利用，為何反而比回家用四到五個小時寫的成效好？首先，身旁同學都一同執行「完成作業」的任務，你不做反而很怪；再者，當你在過程中遇到麻煩（不會寫）時，老師可以立即回應並指導；最重要的是，當看到身旁同學刷刷刷地寫，進度又比你快時，你會被激勵而持續努力。

我想，促成此現象的關鍵是「環境」。在教室裡，大腦找不到「懶惰」的誘因；相反地，家裡有弟妹的吵鬧、電視和電腦向你招手……就算擁有的時間較長，孩子也很難讓自己「抗拒誘惑」！

此現象正好印證書中不斷強調的：所謂的「自律者」只是擅長建構生活，不讓自己暴露在充滿誘惑的環境中，就不需要展現超凡的意志力與自我控制力了。

四種策略，讓好壞習慣地位「大翻身」

本書提到的策略，都是以「習慣」的腦科學、心理學背景出發，在不悖逆人類「本性」的情況下建構出的方法。簡單來說，就是讓「壞習慣」的執行變得麻煩又困難，「好習慣」變得簡單又容易，最後用循序漸進的方式，讓你想達成的好習慣成為無意識就能執行的事務。

例如，好習慣之所以難以養成，是因為比看電視、打電動等事還要複雜且麻煩，因此大腦會傾向選擇輕鬆的事情做。所以，我們要讓目標先從最簡單、每天都能輕易做到開始，再慢慢增加強度。若你的終極目標是「每週運動三次」，可以從「一天做一下伏地挺身」開始，讓自己先塑造運動的習慣，再慢慢增加強度。

重塑自己的習慣，拿回人生的「主導權」

毒癮者光看到毒品照片，在意識發現之前，就會先出現渴望，這讓他們難以戒除吸毒的習慣。

若我們不希望自己的人生被「無意識」的習慣左右，希望能重新主導自己，改善生活與自我狀態，那麼，這本書提供了許多新奇又可行的策略，值得大家嘗試與探索！

（本文作者為知名作家、全臺最大教師社群「溫老師備課趴」創辦人）

〈推薦序〉

原子習慣威力無窮

謝文憲

二〇〇七年四月，我成功戒除二十年的菸癮，直到今天看到這本書，我才體會原子習慣的威力。

本書與我戒菸成功的契合處：

提示（隱而不現）：我開始不去超商買菸，家裡的菸、打火機、菸灰缸全都送給朋友。

渴望（毫無吸引力）：菸癮來時，開始想像那些吸菸者的恐怖嘴臉與身上奇臭無比的異味。

回應（困難無比）：離開外商職場之後，遠離可以拿伸手牌的機會，買菸更顯不便（環境很重要）。

獎賞（令人不滿）：看見街道、馬路布滿菸蒂，公共場所充斥似有若無的菸味，開始顯得不悅。

當年我花了三個月的時間戒菸成功，維持至今已有十二年。

好友郭昇（臺師大景美拔河隊教練，同時也是三鐵選手）於二〇一八年七月遭酒駕撞擊，四肢癱瘓已有九個月，復元狀況有大幅進步。我一定要把本書作者的親身故事告訴他，希望可以延續他的復健意志與運動生涯。

想要養成好習慣，我推薦這本書。

（本文作者爲知名講師、作家、主持人）

〈前言〉

原子習慣改變了我的人生

高中二年級的最後一天，我被球棒迎面擊中。某個同學全力揮棒之後，球棒從他的手中滑脫，直接朝我飛來，砸在我的兩眼之間。我對撞擊的當下毫無印象。

球棒打在臉上的力道太強，我的鼻子扭曲成一個U字型，大腦的軟組織猛烈撞上顱骨內側，腦袋瞬間充斥一股腫脹感。毫秒之間，我的鼻梁斷裂，顱部多處骨折，兩個眼窩也碎了。

睜開眼睛，我看見有人盯著我，有人跑去找救兵。目光往下，我發現衣服上沾著紅色斑點。有個同學脫下襯衫遞給我，我拿來堵住從破裂的鼻子飆出的血流。驚嚇與困惑讓我搞不清楚自己傷得有多重。

老師用手臂圈住我的肩膀，我們踏上前往保健室的長遠路途：穿過球場，走下山坡，回到校園。不知道是誰的手觸摸我身體的側邊，將我撐直。我們不疾不徐，慢慢走著，沒有人知道浪費一分一秒都是凶險。

到了保健室，護士問我一連串問題。

「現在是西元幾年？」

我回答：「一九九八。」其實是二〇〇二。

「美國總統是誰？」

我說：「比爾．柯林頓。」正確答案是喬治．W．布希。

「你媽媽叫什麼名字？」

「嗯……」我遲疑了十秒。

「派蒂。」我隨口一說，忽略自己花了十秒才想起媽媽名字的事實。

這是我記得的最後一個問題。身體承受不住腦袋的急速腫脹，在救護車抵達之前，我就失去意識了。幾分鐘後，我被帶離學校，前往本地的醫院。

到醫院不久，我的身體開始關機，連進行呼吸或吞嚥這種基本的身體機能都很掙扎。那天的第一次癲癇發作之後，我的呼吸完全停止。醫生趕來爲我輸氧的同時，也確定了本地醫院的設備不足以應付我的狀況，便呼叫了一架直升機來將我移送到一間比較大型的醫院。

他們把我從急診室推出來，到對街搭直升機。擔架床在凹凸不平的人行道上發出咯咯聲，一名護士在我身畔推擔架，另一名護士用手把氧氣打進我的身體。稍早抵達醫院的母親也跟我一起上了直升機，飛行過程中，她一直握著我的手，我則持續昏迷，無法自行呼吸。

母親陪我搭直升機的同時，父親趕回家跟我的弟弟妹妹報訊。他忍著眼淚向妹妹解釋說，他當晚無法出席她的八年級畢業典禮。把弟妹送到親友家之後，他開車到醫院與我們會合。

待母親與我降落在醫院屋頂，大概有二十名醫生和護士衝向直升機，然後把我推進創傷中心。到了此時，我腦袋裡的腫脹已經太過嚴重，以致創傷後癲癇不斷發作。我碎裂的骨頭需要修復，但我的狀態不適合進行手術。在當日的第三次癲癇發作之後，醫生讓我進入人工昏迷狀態，並為我裝上呼吸器。

這間醫院對我的父母而言並不陌生。十年前，當三歲的妹妹被診斷出血癌時，他們也走進同一棟建築物的一樓。當年我五歲，弟弟才六個月大。而經過兩年半的化療、腰椎穿刺及骨髓切片檢查，妹妹終於抗癌成功，快樂健康地步出醫院。如今，十年的正常生活之後，我的父母為了另一個骨肉，再度置身這間醫院。

當我陷入昏迷時，醫院派了牧師與社工來安慰我的父母。十年前發現妹妹罹癌那一晚，來的也是同一位牧師。

夜晚來臨，幾部機器維持著我的生命。我的父母躺在醫院的陪病床上不得安寢——前一刻因爲疲勞而昏睡，下一刻又因爲憂懼而驚醒。後來我母親告訴我：「那是我經歷過最糟糕的一個夜晚。」

從頭部重傷到重回球場

好在，到了隔天早上，我的呼吸狀況回復到讓醫生覺得可以解除人工昏迷。待我終於恢復意識，我發現自己失去了嗅覺。爲了測試，護士請我擤鼻子，然後嗅聞一罐蘋果汁。我的嗅覺回來了，但沒有人想到，擤鼻子的動作讓空氣通過眼窩的骨折處，將我的左眼擠壓出來。我的眼球掉出眼眶之外，險險地靠著眼皮及連接眼睛與大腦的視神經掛著。

眼科醫師說，隨著空氣排出，我的眼球會慢慢滑回原位，但難以判定需要費時多久。預計一週之後進行手術，這也多給了我一些時間復元。我看起來就像拳擊比賽中被痛打的那一方，但已經可以出院。我帶著斷裂的鼻梁、六處臉部骨折與一顆凸出的眼球回家。

接下來的幾個月十分艱難，感覺生命中的一切都被按下暫停鍵。一連幾週，我眼睛看到的影像都是重疊的，根本不能好好視物；眼球確實回到原本的位置，但花了一個月；因爲癲癇發作與視力問題，八個月後我才能再度開車；而進行物理治療時，我練習的是基本身體活動，例如走直線。我決心不被傷痛打敗，但好幾次都陷入憂鬱，撐不下去。

一年後，我重新踏上棒球場，痛苦地意識到自己還有多遠的路要走。棒球一直是我生命中的一大部分。我的父親爲聖路易紅雀隊的小聯盟球隊打球，我也夢想有朝一日成爲職棒選手。幾個月的復健之後，我最期待的就是重返球場。

然而，重拾棒球的過程並不順利。隨著球季展開，我成了唯一被校隊剔除的三年級球員，被下放去跟二年級球員一起打。我從四歲開始打棒球，對一個在這項運動上投注這麼多時間與心力的人來說，被球隊剔除是一種恥辱。我清楚記得那一天，我坐在車裡痛哭，不斷切換廣播頻道，急切想找到一首能讓我感覺好一點的歌。

經過一年的自我懷疑，我終於重回校隊，但極少上場。整個高中棒球生涯，我只打了十一局，加起來僅比一場比賽多一點而已。

儘管高中棒球生涯黯淡無光，我仍舊相信自己可以成爲很棒的球員。而我也知道，若要情況好轉，能讓改變發生的只有我自己。轉捩點出現在傷後兩年，我進入丹尼森大學時。那是一個新的開始，也是在那個地方，我初次發現微小習慣的驚人力量。

帶來巨大改變的原子習慣

去丹尼森讀大學是我人生最棒的決定之一。我進入棒球隊，雖然身為大一新鮮人的我是板凳中的板凳，我還是很興奮。挺過高中生涯的一團混亂，我成功成為大學運動員。

短期之內我不可能躋身球隊先發，於是我先認眞讓生活重回正軌。當同儕們每晚熬夜打電動，我則建立起良好的睡眠習慣，每晚都早早就寢；在大學宿舍的雜亂世界中，我堅持讓房間保持整潔。這些改善雖然微小，卻讓我有掌控生命的感覺。我開始又有了自信，而這種自信漸漸增長，蔓延至課堂，讓我改善了讀書習慣，在大一那年每科都取得優秀成績。

所謂習慣，就是被規律執行——而且很多時候是不假思索——的行爲或慣例。隨著每個學期過去，我累積了微小卻持續進行的習慣，最終造就了我一開始執行時無法想像的成果。舉例來說，我人生頭一遭養成每週重訓數次的習慣，而在接下來的幾年裡，六呎四吋（約一百九十三公分）的我從羽量級的一百七十磅（約七十七公斤），壯大爲充滿肌肉的兩百磅（約九十公斤）。

大二球季到來，我獲得投手群的先發位置；大三那年，我被票選爲隊長，並在球季尾聲入選分區第一隊。然而，我的睡眠習慣、讀書習慣及重量訓練習慣，是到了大四那年才真正開始開花結果。

在被球棒擊中臉、直升機送醫、接受人工昏迷之後的第六年，我被選為丹尼森大學的最佳男性運動員，並且入選ESPN的全美明星陣容——整個美國僅有三十三人得到這項殊榮。到了畢業時，我在八個類別中名列校史紀錄冊；同一年，我獲得總統獎章，這是該校最高的學業獎項。

倘若上述這些聽來像是炫耀，還請見諒。老實說，我的運動員生涯毫無傳奇性或歷史性，到頭來，我並沒能成為職業球員。但是，回顧那些年，我相信自己成就了也很稀罕的事：我完整發揮了自身潛能。而我相信，這本書中的概念也能讓你完整發揮自己的潛能。

我們在人生中都會面臨挑戰。那次嚴重的傷勢是我的挑戰之一，而那份經驗也教了我至關重要的一課：**只要你願意堅持多年，起初看似微不足道的改變終將像以複利計算一樣利滾利，滾出非比尋常的結果。**過程中會有挫折，但長久下來，生命的品質往往取決於習慣的品質。習慣不變，結果就不會變；而一旦有了更好的習慣，凡事皆有可能。

也許有人能在一夕之間獲取不可思議的成就，但我沒認識這樣的人，我本身也絕非如此。在我從人工昏迷到全美明星陣容的旅途中，不存在**一個**決定一切的關鍵時刻，而是有許多個。這是漸進的演化，是一連串微小的勝利與突破，持續很長一段時間。唯一讓我進步的方式——我唯一做的選擇——就是由小做起。幾年之後，當我開創自己的事業並動筆寫這本書時，我仍舊運用同樣的策略。

本書的寫作源起

二〇一二年十一月，我開始在自己的網站上發表文章。多年來，我一直在記錄我自己做的關於習慣的實驗，而我終於準備好要公開分享其中一些內容。第一步就是固定在每週一與週四發表一篇文章，而這個簡單的寫作習慣讓我的電子報訂閱者在幾個月內就到達一千人；到了二〇一三年底，訂閱人數已經超過三萬。

二〇一四年，訂閱我電子報的人數飆升到十萬，使其成為線上成長最快的電子報之一。兩年前開始寫作時，我曾經覺得自己像個冒牌貨，但我現在逐漸以「習慣專家」的身分為人所知——這個新標籤讓我興奮，卻也有些不自在。我從不認為自己是這個主題的大師，我只是跟著讀者一起實驗而已。

二〇一五年，電子報的訂閱人數到達二十萬，我跟企鵝藍燈書屋簽了合約，開始寫你正在讀的這本書。而讀者群增加，事業機會也隨之而來。我愈來愈常受邀到頂尖企業演講，講述習慣形成、行為改變及持續改善的科學，也開始不斷在美國與歐洲的會議上進行專題演說。

二〇一六年，我的文章開始定期出現在《時代》《創業家》與《富比士》等知名刊物上。那一年，有超過八百萬人讀到我的文章，眞是不可思議。國家美式足球聯盟、美國職籃與職棒大聯盟的教練開始閱讀我的作品，並跟自己的球隊分享。

二〇一七年初，我創立了「習慣學院」，對想要在生活與工作上建立好習慣的個人與組織來說，那成了最佳訓練平台。名列《財富》五百強的大企業及成長中的新創公司開始幫它們的領導者報名，並訓練員工。整體算下來，有超過一萬名領導者、經理人、教練及教師從習慣學院畢業，而跟他們合作讓我學到太多，我更加了解如何才能讓習慣在眞實世界中發揮效果。

二〇一八年，當我在為這本書進行最後潤飾時，我網站的每月造訪人數已經有好幾百萬，訂閱電子週報的則接近五十萬人——這數字超過我起初著手時的預期太多，我甚至不知道對此該有什麼想法。

建立持久好習慣的系統化實作手冊

企業家兼投資人納瓦爾・拉威康特說過：「要寫一本好書，你必須先成為那本書。」我了解本書提到的概念，是因為我必須身體力行。我必須仰賴微小的習慣來從重傷中復元、在健身房裡變得強壯、在棒球場上拿出高水準的表現、成為作家、打造一份成功的事業，並長成一個負責任的大人。微小的習慣幫助我發揮自身潛能，而既然你拿起了這本書，我猜你也想要做到這件事。

在接下來的書頁中，我將一個步驟一個步驟分享如何建立更好的習慣——不是幾天或幾週，而是一輩子的習慣。雖然我寫的一切都有科學依據，但這本書並非學術研究報告，而是一本實作手冊。我會以容易理解與運用的方式解釋建立與改變習慣的科學，最重要的是，在這個過程中，你將得到智慧與實用的建議。

我汲取的領域——生物學、神經科學、哲學、心理學等——已經存在多年，我提供的是一個綜合體，包含聰明的人在很久以前就思索出來的最佳概念，以及近來最引人注目的科學發現。我希望我的貢獻是找出其中最重要的概念，並以高度實用的方式將它們整合在一起。書頁中任何有智慧的言論都要歸功於許多前輩專家，而任何愚蠢的言論，請算在我頭上。

本書的骨幹是我所謂「習慣的四階段模型」——**提示、渴望、回應、獎賞**——以及從中演化而出的「行爲改變四法則」。有心理學背景的讀者可能會認出某些操作制約相關術語——最早是心理學家暨行爲科學家史金納於一九三〇年代提出「刺激、反應、獎賞」，近期又因爲查爾斯．杜希格所著的《爲什麼我們這樣生活，那樣工作？》一書中提到「提示、慣性行爲、獎酬」而廣爲人知。

和史金納一樣的行爲科學家知道，只要提供正確的獎賞或懲罰，就能讓人做出特定行爲。不過，雖然史金納的模型清楚說明了外在刺激如何影響我們的習慣，對於我們自身的思想、感覺與信念如何影響行爲，卻缺乏一個好解釋。內在狀態——我們的心情與情緒——也是很重要的。最近幾十年，科學家開始破解思想、感覺與行爲之間的關連，我也把這項研究放入書中。

總體而言，我提供的框架是一個融合認知科學與行爲科學的模型。我相信我提出的這個人類行爲模型是可以精確解釋外在刺激與內在情緒如何影響習慣的先驅之一，縱然某些詞語聽來耳熟，我有信心，其中的細節——以及行爲改變四法則的應用——將會讓你從新的角度思考自己的習慣。

人類的行爲一直在變——每種情況、每個瞬間、每一秒的行爲都不同。不過，這本書探討的是**不變**的部分，是人類行爲的基本原理，是能讓你年復一年仰賴的法則。你可以倚靠著這些概念打造事業、打造家庭、打造人生。

建立更好的習慣沒有唯一正確的方法，但這本書描述的是我知道的最佳方法——無論你的起點在哪裡、想要改變什麼，這個方法都會見效。不管你的目標是放在健康、金錢、生產力、人際關係，或以上全部，對於任何想要以系統化的方式一步一步去改善的人來說，本書涵蓋的策略都不容錯過。只要涉及人類行爲，本書都能爲你指引方向。

—基本原理—

為何細微改變會帶來巨大差異？

1 原子習慣的驚人力量

二〇〇三年的某一天，英國自行車協會的命運改變了——這個主掌英國職業自行車壇的協會雇用戴夫．布萊爾斯福德爲國家隊教練。當時，英國的職業自行車運動已經忍受了約莫一百年的平庸表現。從一九〇八年起，英國的自行車選手僅在奧運會拿過一面金牌；而在自行車界最大的賽事環法自行車賽中，英國的表現更差——長達一百一十年的時間裡，沒有一位英國選手在這項賽事中奪冠。

事實上，英國自行車選手的表現之差，讓歐洲一家知名單車製造商拒絕販賣商品給英國團隊，免得其他專業人士看到英國人用這個廠牌的裝備，對銷量會有負面影響。

布萊爾斯福德之所以受雇，便是要將英國自行車協會放上一條新的軌道。跟前任教練們最大的不同，就是布萊爾斯福德異常投入他所謂「微小增長的總和」——這套哲學的要旨，就是在你做的每一件事情當中找到微小的改善空間。布萊爾斯福德說：「整個原則的概念在於，如果把關於騎自行車的所有面向分解，讓每個面向都改善百分之一，全部加起來就會得到可觀的成長。」

布萊爾斯福德跟他的教練團隊一開始做的小調整，可能在你的料想之內：重新設計單車坐墊，使其更爲舒適；在輪胎上塗抹酒精，增加抓地力；要求選手穿上電熱式緊身褲，讓肌肉在騎車時維持理想溫度；使用生物回饋感應器監控每個選手對不同訓練的反應；在風洞測試不同的布料，讓室外比賽的選手換穿室內比賽服，因爲那更輕，也更符合空氣力學。

然而，他們並未止步於此。布萊爾斯福德跟他的團隊繼續在被忽略、未被料想到之處尋求百分之一的改善：測試不同的按摩油，看哪種能讓肌肉最快恢復；雇請一名外科醫師來教導選手如何洗手，以減少感冒的機率；爲每個選手找出能帶來最佳睡眠品質的枕頭與床墊；他們甚至把後勤卡車的內壁漆成純白，以便察覺到往往會被看漏的細小塵埃，避免其影響到精確調校過的比賽用車。

當數百個這類微小的改善累積起來，成果來得比所有人的預想都快。

布萊爾斯福德接掌之後短短五年，英國自行車隊就在二〇〇八年的北京奧運稱霸公路賽與場地賽項目，拿下六成的金牌，驚天動地。四年之後，當奧運移師倫敦，他們再次提升水平，創下九項奧運紀錄與七項世界紀錄。

同年，布萊德利．威金斯成了史上第一位贏下環法自行車賽的英國選手；隔年，換他的隊友克里斯・弗魯姆奪冠；接下來，弗魯姆又連續贏得二〇一五、二〇一六與二〇一七年的賽事，讓英國隊在六年內五度於環法自行車賽登頂。

二〇〇七到二〇一七這十年間，英國的自行車選手共計拿下一百七十八座世界冠軍、奧運加殘奧金牌共六十六面，以及五次環法自行車賽的勝利。世人普遍認爲這是自行車運動史上最成功的一段表現。

這一切是怎麼發生的？那些乍看之下似乎頂多只能帶來些許不同的細微改變，如何能讓一群原本很普通的運動員變成世界冠軍？小小的改善爲什麼可以累積成如此非凡的成果？你又可以怎麼把這套方法複製到自己的人生中？

複利效應，讓小習慣造就大不同

人很容易高估一個決定性瞬間的重要性，也很容易低估每天都做些小改善的價值。我們往往如此說服自己：巨大的成功必定來自巨大的行動。無論是減重、創業、寫書、奪冠，或是達成其他任何目標，我們都會給自己壓力，期許要達成驚天動地的進展，好讓人津津樂道。

相較之下，百分之一的改善並不特別值得注意——有時甚至根本**不被注意**——但其意義卻可能大得多，尤其長遠來看。隨著時間過去，微小改善所能造成的變化非常驚人。算起來是這樣的：如果每天都能進步百分之一，持續一年，最後你會進步三十七倍；相反地，若是每天退步百分之一，持續一年，到頭來你會弱化到趨近於零。起初的小勝利或小倒退，累積起來會造就巨大差異。

習慣就是「自我改善」

這件事的複利。如同錢財透過複利加倍，習慣的效果也在你重複執行的過程中加倍。隨便挑一天來看，習慣的效應似乎很小，但幾個月、甚至幾年下來，它們就可能造成極巨大的影響。唯有兩年、五年，或者十年之後回頭看，好習慣的價值與壞習慣的代價才變得極爲明顯。

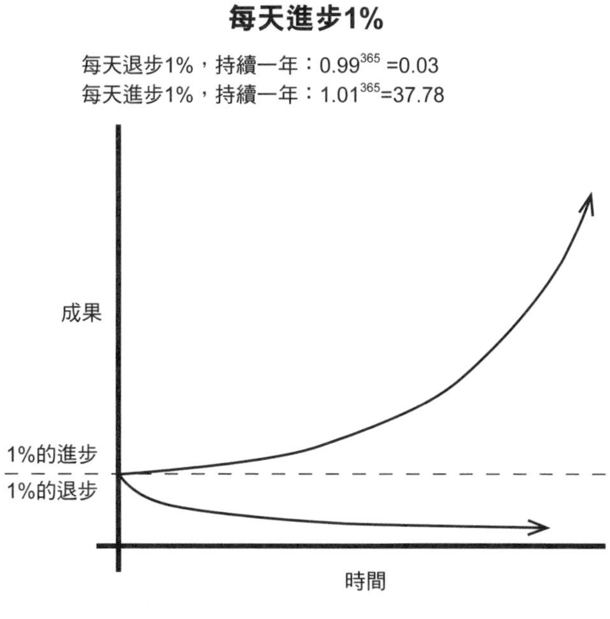

圖1：小習慣的效果會隨著時間加重。舉例來說，如果你可以每天進步百分之一，一年之後就能有接近三十七倍的成長。

要在日常生活中體會這個概念可能不容易。我們往往輕視小改變，因爲它們在當下似乎並不重要。現在存一點錢，你仍舊不是百萬富豪；連續上健身房三天，你的身材還是很糟；今晚研讀法文一小時，你還是沒學會這個語言。我們做出一些改變，成果卻似乎總是來得不夠快，於是我們回歸先前的慣例。

不幸的是，變化的緩慢步調也同時讓惡習悄悄生根。今天吃一餐垃圾食物，體重計上的指針不會移動太多；今晚因爲加班忽視家人，他們不會怪你；把當天應該做的案子拖到隔天，通常之後還是會有時間完成。單一決定很容易被漠視。

然而，當我們日復一日重複百分之一的錯誤，複製不當決策與細微過錯，並將小藉口合理化，這些小小的選擇就會像以複利計算一樣，變成有害的後果。這邊退步百分之一，那邊退步百分之一——最終導致問題的，就是這許多過失的累積。

習慣的改變造成的影響，近似於飛機路線調整區區幾度產生的結果。假設你要從洛杉磯飛到紐約，如果飛行員從洛杉磯國際機場起飛時，將飛機的航向往南調三・五度，飛機就不會抵達紐約，而會降落在華盛頓特區。如此細微的改變——機首偏移幾呎——在起飛時幾乎難以察覺，但經過橫越整個美國的距離放大之後，最終的降落地卻差了好幾百哩。

同樣地，日常習慣的微小改變也能將你的人生引導到非常不同的目的地。做出好百分之一或糟百分之一的選擇，在當下似乎沒差，但是經過橫越一生的時間放大，便會決定你是怎麼樣的人，或是你能成爲怎麼樣的人。**造就成功的，是日常習慣，而不是千載難逢的轉變。**

話說回來，重要的不是你現在多成功或多不成功，而是你的習慣是否把你放在通往成功的道路上。比起當前擁有的成果，你應該更關注現在所處的軌道。假如你是個百萬富豪，但每個月都入不敷出，那你就處在一條糟糕的軌道上，只要花錢的習慣不改，就不會有好結果；反過來說，假如你窮困潦倒，但每個月都設法存一點錢，那你就處在通往財務自由的路上——即使前進的速度不如你想要的快。

結果是習慣的滯後指標：你的財產是財務習慣的滯後指標，你的體重是飲食習慣的滯後指標，你的知識是學習習慣的滯後指標，你的雜物是整理習慣的滯後指標。重複什麼，就得到什麼。

想要預測自己人生的走向，只要追蹤微小收穫或微小損失的曲線，然後看看你每天的選擇經過十年或二十年會被「複利計算」成什麼。你每個月都賺得比花得多嗎？你每週都有上健身房嗎？你每天都有透過閱讀學習新東西嗎？這些小小的戰役會決定未來的你是什麼模樣。

時間會放大成功與失敗之間的差距，會將你餵養給它的東西加乘。**好習慣讓時間成**

為你的盟友，壞習慣讓時間與你為敵。

習慣是一把兩面刃。好習慣能讓你壯大，壞習慣也能輕易將你砍倒，因此了解細節至關重要。你必須知道習慣如何運作，以及如何依照自己的需求設計習慣，這樣才能閃避這把利刃危險的那一面。

習慣的複利效應能載舟，亦能覆舟

正面的複利計算	負面的複利計算
生產力以複利計算 一天多完成一件任務並非大功勞，持續整個職業生涯，卻是很有價值的一件事。讓舊工作習慣成自然或精通新技能的效應可能更大。能夠不假思索地處理愈多任務，就有愈多大腦空間可以被釋放出來關注其他領域。	**壓力以複利計算** 交通堵塞帶來的焦躁、為人父母的重責大任、讓收支平衡的憂慮、略高的血壓造成的緊張——個別來看，這些常見的壓力源都是可以控制的；但持續多年之後，小壓力便會加劇成為嚴重的健康問題。
知識以複利計算 習得一個新概念不會讓你成為天才，但致力於終身學習卻能徹底改變一個人。再說，你讀過的每一本書不只教你新東西，也讓你用不同的觀點看待舊事物。如華倫·巴菲特所言：「知識本是如此運作。它會加乘增生，就像複利一樣。」	**負面想法以複利計算** 愈是認為自己沒有價值、頭腦蠢笨、相貌醜陋，愈會讓自己用這種方式詮釋人生，受困於負面迴圈裡。看待別人的方式也是同理。一旦習慣認為別人愛生氣、不公平或自私，就會走到哪裡都看見這種人。

人際關係以複利計算	憤恨以複利計算
人們會把你的行為反射回你身上。愈常幫助別人，別人就愈願意幫助你。在與他人的每一次互動中表現得更良善一點，隨著時間過去，就會形成一張寬廣而強韌的人際網絡。	暴動、抗爭與群眾運動鮮少源自單一事件；反之，一連串的微小敵對情緒與日常怨怒持續很長一段時間，慢慢累積增長，直到某事件成為導火線，憤恨便如野火般一發不可收拾。

建立持久的習慣為何這麼難？

想像你眼前的桌上擺著一個冰塊。房裡很冷，你呵著白氣。現在是華氏二十五度，然後房間以非常緩慢的速度開始增溫。

二十六度。

二十七度。

二十八度。

冰塊還在你眼前的桌上。

二十九度。

三十度。

三十一度。

一樣，什麼事都沒發生。

接著，三十二度（攝氏零度）。冰塊開始融化。一度之別，表面上與先前的增溫幅度沒有差異，卻啓動了巨大的變化。

突破的瞬間往往來自先前的許多行爲。那些行爲讓潛能逐漸累積，直到足以釋放重大改變。這樣的模式隨處可見：百分之八十的時間裡，癌症都無法被檢測到，卻在幾個月內接管整個身體；竹子在它生命的前五年幾乎不可見，在地底衍生廣大的根系，然後在六週之內暴長到九十呎高。

同樣地，在你跨越一個關鍵門檻，解鎖新等級的表現之前，習慣往往看起來沒什麼影響。在任何追尋的前期或中期，常常出現所謂的「失望之谷」——你期待有線性進展，但在前幾天、幾週，甚至幾個月，效果都很不顯著，令人感到挫敗。你覺得這樣下去不可能有所進展，然而，這正是任何複利過程的標誌：強大的成果總是姍姍來遲。

建立持久的習慣之所以如此困難，這便是核心因素之一。我們做了一些小小的改變，沒能看見有形的成果，就決定放棄。你心想：「我每天都跑步，跑了一個月，怎麼身材沒有任何變化？」一旦萌生這樣的念頭，好習慣就很容易被拋諸腦後。然而，想要造成有意義的差異，你必須維持一個習慣夠久，以突破這個停滯期——我稱之爲「潛伏之力的停滯期」。

倘若你發現自己難以養成某個好習慣或戒除某個壞習慣，不是因爲你失去改善的能力，而往往是因爲你尚未跨越潛伏之力的停滯期。抱怨努力沒有帶來成功，就像抱怨從華氏二十五度加溫到三十一度冰塊卻還不融化。你做的工並未浪費，只是被儲存起來了。所有的行動會在華氏三十二度發生。

當你終於突破潛伏之力的停滯期，大家會說那是一夕成功。外界只看見最戲劇性的事件，卻沒看見先前的一切，但你心知肚明：正是你很久以前做的事——當時你覺得似乎沒有任何進展——才讓今日的躍進成爲可能。

這是人類版本的地質壓力。兩個板塊彼此摩擦數百萬年，張力不斷累積；然後，某一天，它們又摩擦了一次，就跟數百萬年來任何一次摩擦一樣，但這一次，張力破表，地震就爆發了。改變可能醞釀數年——然後瞬間發生。

精熟需要耐性。美國職籃史上最成功的球隊之一聖安東尼奧馬刺隊在球員休息室裡貼著社會改革家雅各．里斯說的話：「當一切努力看似無用，我會去看石匠敲打石頭。可能敲了一百下，石頭上連一條裂縫都沒有，但就在第一百零一下，石頭斷裂爲兩半。然後我了解到，把石頭劈成兩半的不是最後那一下，而是先前的每一次敲擊。」

所有的大事都源自微小的開端。每個習慣的種子都是一個微小的決定，但是當那個決定被一再重複，一個習慣漸漸成形，且愈來愈牢固。根扎得穩，枝幹便得以生長。破除惡習的任務如同將我們內在一棵強壯的橡樹連根拔起，而養成好習慣的任務，就像日復一日點滴灌溉一株嬌貴的花。

然而，是什麼決定了我們能否維持一個習慣夠久，直到挺過潛伏之力的停滯期？有些人會不知不覺染上不想要的惡習，有些人卻能享受好習慣的複利效應，原因又是什麼？

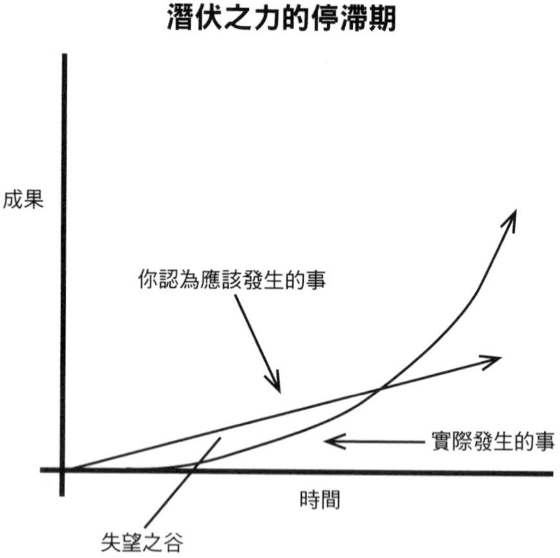

圖2：我們往往期待進步是線性的，至少希望它快一點發生，但事實上，我們努力的成果經常姍姍來遲。過了幾個月，甚至幾年，我們才會明白先前做的工真正的價值。這可能造成「失望之谷」：當人們付出數週或數個月的努力卻未能體驗到任何成果，會覺得沮喪。然而，這些努力並沒有白費，只是被儲存起來了。直到許久之後，先前付出的努力的完整價值才會顯現出來。

別管目標，專注於系統就好

主流觀點認爲，若要得到人生中想要的事物——練出更美的身形、建立成功的事業、多放鬆少煩憂、花更多時間與朋友家人相處——最好的方法就是設定可行的確切目標。

多年來，我也以這樣的方式面對習慣，每個習慣都是一個要達成的目標。在學校要取得什麼成績、在健身房要舉多少重量、在生意上要賺多少錢，我爲這些事情設立了目標，然後成功達成幾項，未能達成的卻有許多。到頭來，我發現成果與我設定的目標沒有太大關係，卻與我遵循的**系統**息息相關。

系統與目標有何不同？一開始讓我認知到這個差異的，是創作《呆伯特》的漫畫家史考特．亞當斯：目標是你想要達到的成果，而系統是讓你達到那些成果的過程。

- 假如你是教練，你的目標可能是拿下冠軍，你的系統則是你徵募球員、管理助理教練及帶隊練球的方式。
- 假如你是企業家，你的目標可能是打造價值百萬美元的事業，你的系統則是你測試產品概念、雇用員工及進行行銷活動的方式。

■如果你是音樂家，你的目標可能是演奏一支新曲目，你的系統則是你練習的頻率、分解並處理困難部分的方式，以及接受指導者指教的態度。

有趣的問題來了：如果徹底無視目標，只關注系統，還能成功嗎？舉籃球教練爲例：如果完全不管贏得冠軍的目標，只在乎球隊每天的練習，還能得到成果嗎？

我想，答案是肯定的。

任何運動的目標都是取得最高分數，但整場比賽都盯著記分板就太荒唐了。眞正能帶來勝利的唯一方法，就是每天都進步。贏得三屆超級盃的美式足球教練比爾．沃爾希是這樣說的：「分數會顧好自己。」同樣的道理也適用於人生其他領域。想要更好的成果，就不要管目標了，把焦點放在系統上就好。

這樣講是什麼意思？目標完全沒用嗎？當然不是。目標有助於確立方向，但系統是進步的最佳解答。如果花太多時間思考目標，卻花太少時間設計系統，會浮現許多問題。

問題一 贏家跟輸家擁有同樣的目標

目標設定這件事受嚴重的「生存者偏差」影響：我們都聚焦於最後獲勝的人（也

就是生存者），錯誤認定是雄心勃勃的目標造就了他們的成功，而沒有看見擁有同樣目標、最後卻失敗的那一群。

每個奧運選手都想要奪金，每個候選人都想要那個位置。如果成功者與失敗者有著相同的目標，贏家與輸家的差別便不在於目標。驅使英國自行車選手登峰造極的，並不是贏下環法自行車賽的**目標**。可以想見，之前幾年他們也同樣想要贏得這項賽事——就跟所有其他車隊一樣。目標一直在那裡，卻直到他們執行了持續追求微小改善的**系統**，才產出不同的成果。

問題二 目標達成不過是短暫的改變

假設你的房間很亂，你設定了「清理」這個目標。若能鼓起動力清掃，你就會得到一個整潔的房間——但只在當下。要是你繼續維持一開始讓房間變得髒亂的邋遢囤物惡習，要不了多久，你就會望著一堆新的雜物，期待下一波清理的動力。你只能不斷追逐同樣的成果，因爲你沒有改變背後的系統。這是治標不治本。

目標的達成只能**暫時**改變你的生活。關於改善，這便是有悖於直覺之處。我們覺得需要改變結果，但結果並非問題所在，我們眞正應該改變的，是造成那些結果的系統。從結果面著手，只能暫時解決問題；想要永久改善，就必須從系統面下手。修正輸入，輸出自會有解。

問題三 目標限制了你的快樂

任何目標背後都隱含這樣的假設：「一旦達成目標，我就會快樂。」目標優先的心態，其問題在於你會一直把快樂延到下一個里程碑之後。我太常落入這樣的陷阱，數都數不清了。多年來，快樂一直是專給未來的我享用的東西。我承諾自己，一旦增加二十磅的肌肉，或是公司登上《紐約時報》，就可以好好放鬆了。

再者，目標創造了一種「非A則B」的衝突：若非達到目標而成功，就是失敗而令人失望。你在心裡把自己框限在狹義的快樂裡，這是偏差了。眞實的人生旅程不太可能跟起步時的預期一模一樣。條條大路通羅馬，把自己的滿足局限在一條特定道路上，沒有道理。

系統優先的心態提供了解藥。當你愛上過程，而非產物，就不必等到獲得自己的許可才能快樂。只要系統有在運作，你隨時都能感到滿足。而且，系統能夠以很多形式成功，不限於你一開始設想的那一個。

問題四 目標與長期進步互相矛盾

最後，目標取向的心態可能造成一種「溜溜球效應」。許多跑者連續努力數月，但衝過終點線之後，就停止訓練了。比賽結束，激勵也隨之消失。當你的一切努力都聚焦於一個特定目標，達成目標之後，還有什麼能推動你前進？正因如此，許多人才會在實現某個目標之後，重拾舊習。

設定目標的目的是贏得比賽，建立系統的目的則是持續待在比賽裡。眞正長遠的思考，是不顧目標的思考。重點不在於任何單一成就，而在於不斷精煉與持續改善的循環。到頭來，progress（進步）的必要條件，是對process（過程）的投入。

原子習慣的系統

如果你覺得改變習慣很難，問題不在你，而在你的系統。惡習一再復萌，並非因爲你不想改變，而是因爲你的系統不適合改變。

決定你成功或失敗的，不是你的目標，而是你的系統。

本書的核心主旨之一，就是教你聚焦於整體系統，而非單一目標。這也是「原子」一詞背後較爲深層的意義之一。讀到這裡你可能已經了解，原子習慣指的是微小的改變、微不足道的增長、百分之一的改善。然而，並不是任何微小的習慣都算是原子習慣。原子習慣是一個更大系統的一部分，如同原子是分子的組成單元，原子習慣是建構非凡成果的元件。

習慣就像人生的原子，每一個習慣都是造就你整體增長的基本元件。起初，這些小小的慣常行爲似乎無關緊要，但很快地，它們就會互相堆疊，激發大一點的勝利；這些勝利又會相乘，最終到達的等級遠遠超出你一開始的投資。習慣雖小，力量無窮，這便是「原子習慣」一詞的眞義——一個微小而容易執行的規律行爲或慣例，卻是不可思議的力量來源，也是組成複合成長系統的元素。

本章總覽

- 習慣是「自我改善」這件事的複利。每天進步百分之一，長久下來，進境可觀。
- 習慣是一把兩面刃，能載舟亦能覆舟，因此了解細節是必要的。
- 在跨越關鍵門檻之前，小改變往往看似無足輕重。所有複利過程的強大成果總是遲來，你要有耐性。

■ 原子習慣是構成大系統的小習慣。如同原子是分子的組成單元，原子習慣是建構非凡成果的元件。

■ 想要更好的結果，就別管目標設定，而是專注於你的系統。

■ 決定你成功或失敗的，不是你的目標，而是你的系統。

2 改變習慣最有效的方法，是改變身分認同

爲什麼重拾惡習如此容易，建立好習慣卻如此困難？想要影響自己的人生，沒幾件事的力量比改善日常習慣來得大。然而，到了明年此刻，你很可能仍做著同樣的事，而不是更好的事。

就算眞心付出努力，再加上偶爾的衝勁，要維持一個好習慣超過幾天，感覺起來仍然很難。運動、靜心、烹飪與寫日記等習慣，做個一、兩天還可以，繼續下去就讓人覺得麻煩了。

然而，習慣一旦確立，似乎就會永遠在那裡了——尤其是你不想要的那些習慣。無論意圖多麼良善，吃垃圾食物、整天看電視、拖延及抽菸等惡習似乎不可能戒除。

改變習慣之所以如此具有挑戰性，原因有二：一，我們試圖改變的東西不對；二，我們試圖改變習慣的方式不對。我將在本章探討第一點，在往後的章節處理第二點。

第一個錯誤是試圖改變的東西不對。要了解我的意思，必須知道改變的發生分成三個層次，你可以想成洋蔥的三層皮。

第一層是改變結果。這一層的重點是改變你的成果：減重、出書、奪冠。你設定的目標多半與這個層次的改變有關。

第二層是改變過程。這一層的重點是改變你的習慣與系統：在健身房執行新的訓練課表、清理書桌的雜物好讓工作順暢、開發適合自己的靜心法。你建立的習慣多半與這個層次有關。

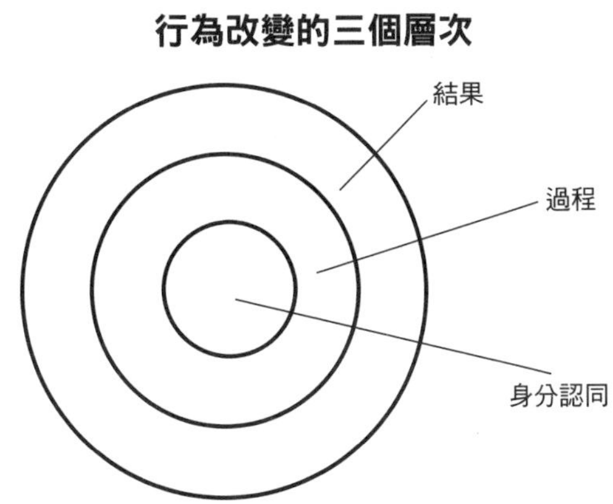

圖3：行為改變分為三個層次——結果的改變、過程的改變，以及身分認同的改變。

最深的第三層是改變身分認同。這一層的重點是改變你的信念：你的世界觀、你的自我形象、你對自己與他人的評價。你抱持的信念、假設及偏見多半與這個層次有關。

結果關乎你得到什麼，過程關乎你做了什麼，身分認同則關乎你相信什麼。論及建立持久的習慣——論及建立改善百分之一的系統——問題不在於某一層比另一層「更好」或「更壞」，每一層次的改變各有其用處；問題在於改變的**方向**。

許多人在展開改變習慣的過程時，都把重點放在想要達成**什麼**。這會將我們引至以結果爲基礎的習慣。替代做法是建立以身分認同爲基礎的習慣——在這種方式下，我們一開始就把重點放在希望成爲**什麼樣的人**。

以結果為基礎的習慣

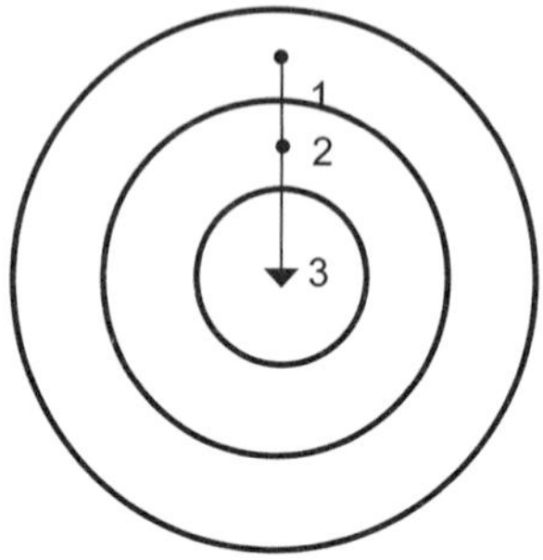

以身分認同為基礎的習慣

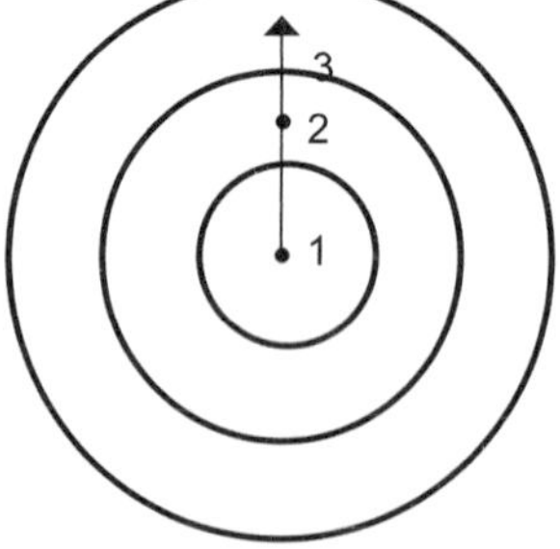

圖4：有了以結果為基礎的習慣，你會把焦點放在想要成就的事；有了以身分認同為基礎的習慣，你會把焦點放在希望成為的人。

想像兩個拒絕香菸的人。有人遞出香菸時，第一個人說：「不用了，謝謝。我正在戒菸。」聽起來似乎是合理的回答，但這個人仍然認爲自己是個吸菸者，只是試著在戒菸。他帶著同樣的信念，卻希望自己的行爲會改變。

第二個人拒絕時說：「不用了，謝謝。我不抽菸。」差別雖小，這個說法卻傳達出身分認同的轉變。吸菸已成過去，與現在的生活無關。這個人已經不把自己視爲吸菸者了。

多數人在著手改善時都沒考慮「改變身分認同」這件事。他們的思考是這樣的：「我想要變瘦（結果），而只要堅持這套飲食方式，我就會變瘦（過程）。」他們設定目標，然後確定達成目標應該採取的行動，卻不去思索驅使他們採取那些行動的信念。他們沒有改變看待自己的方式，也不了解舊的身分認同會破壞他們爲了改變打造的新計畫。

每個行動系統的背後都是一個信念系統。民主系統是建立於自由、多數決與社會平等這類信念之上；獨裁系統則有著一組截然不同的信念，像是絕對的權威與絕對的服從。在民主體制下，你可以想出許多讓更多人去投票的方法，但這樣的行爲改變在獨裁體制下是絕對行不通的。這不是那個系統的身分認同，投票這個行爲在某些信念之下是不可能的。

無論我們討論的是個人、組織或社會，類似的模式同樣存在。一組信念與假設形塑了系統，習慣背後存在著一個身分認同。

與這個身分認同不符的行爲無法持久。你也許想要更有錢，但倘若你的身分認同就是個傾向消費而非創造收入的人，你就會一直被吸引去花錢，而不是賺錢；你也許想要變得更健康，但倘若你繼續把舒適擺在成就之前，你便會選擇放鬆而非訓練。不去改變導致過往行為的潛在信念，要改變習慣就難了。你有新的目標與新的計畫，但你還沒改變自己是個**什麼樣的人**。

布萊恩．克拉克是來自科羅拉多州波德市的企業家，他的故事是個很棒的例子。「從有記憶以來，我就會咬指甲了。」克拉克告訴我，「小時候是緊張時的習慣，後來變成討人厭的慣常行為。某天，我決心停止咬指甲，直到它們稍微長出來。光是靠意志力，我就做到了。」

然後，克拉克做了一件出人意料的事。

「我請老婆幫忙安排我人生第一次的修指甲。」他說，「我原本的想法是，如果開始花錢保養指甲，我就不會去咬了。確實見效，但跟錢沒關係，是因為修指甲讓我的指甲第一次看起來這麼棒。修甲師傅甚至說——撇除咬指甲這件事——我的指甲非常健康迷人。突然間，我以自己的指甲為傲。雖然這是我從未渴求過的事，卻造成很大的影響。從此之後，我沒再咬過指甲，連差一點咬都沒有，因為我現在以悉心照顧指甲自豪。」

內在動機的終極型態，就是讓習慣成為身分認同的一部分。覺得自己是**想要這樣的**

人是一回事，覺得自己**就是這樣的人**又是另一回事。

愈以身分認同中的某個特定面向自豪，愈有動力去維持與之相關的習慣。假如你以頭髮自豪，就會發展出各種照料與保養頭髮的習慣；假如你以碩大的二頭肌為傲，就永遠不會略過上半身的訓練；假如你以自己手織的圍巾自豪，就更有可能每週花幾個小時編織。一旦有所自豪，你就會為了維持習慣竭盡全力。

眞正的行爲改變是身分認同的轉變。你也許會因爲受激勵而開始一個習慣，但要維持下去只有一個原因：這個習慣成爲你身分認同的一部分。誰都可以說服自己上健身房或選擇健康飲食一、兩次，但只要行爲背後的信念不改變，就很難維持長期的轉變。在成爲自我身分的一部分之前，改善都只是暫時的。

- 目標不是讀一本書，而是**成為**讀書的人。
- 目標不是跑一趟馬拉松，而是**成為**跑步的人。
- 目標不是學會一種樂器，而是**成為**演奏音樂的人。

行爲往往反映身分認同。你的所作所爲暗示了你相信自己是什麼樣的人——無論是有意識或無意識❶。研究顯示，當一個人相信他身分中的某個特定面向，就更有可能做出與此信念相符的行動。舉例來說，比起宣稱自己「想要投票」的那些人，認為自己「是個投票者」的人更有可能去投票；同理，已經把運動融入身分認同之中的人毋須說服自己進行訓練。做正確的事很容易，畢竟當你的行為與身分認同完全一致，你便不再追求行為的改變。你只是相信自己是某種人，然後去做那種人會做的事而已。

與習慣養成的所有面向一樣，這也是一把兩面刃。為你所用時，身分認同改變可以是自我改善的一大利器；但與你為敵時，身分認同改變就可能是個詛咒。一旦接受了某種身分，對此身分的忠誠可能會影響你改變的能力。許多人在認知的沉眠中度過一生，盲目遵循著附加於自己身分認同之上的刻板印象。

■「我方向感很差。」
■「我不是晨型人。」
■「我很不會記人名。」
■「我整天遲到。」
■「我對科技一竅不通。」
■「我數學超爛。」

……還有其他許多種形式。

反覆對自己述說同一個故事，多年下來就很容易陷入這個心理慣例，認爲它就是事實。到頭來，你會開始抗拒某些事，因爲「我不是那種人」。一股內在壓力會迫使你維持自我形象，用與自我信念一致的方式行動。你會想盡一切方法，只爲了不要自我矛盾。

思想或行爲與你的身分認同牽扯愈深，就愈難改變。相信你的文化所相信的事（群體認同），或是去做維護你自我形象的事（個人認同），會讓人覺得舒服自在，就算那些事情是錯的。對任何層次——個人、團隊、社會——的正面改變而言，最大的阻礙就是身分認同衝突。好習慣在理性上也許合理，但只要與身分認同相悖，你就不會去實踐。

任何一天，你都可能因爲太忙、太累、太折騰，或是千百種其他理由，而難以繼續維持某個習慣；然而長遠來說，未能維持習慣的眞正原因，都是被你的自我形象阻攔。這就是爲什麼你不能太依附於你某一版本的身分認同。想要進步，必須捨棄；想要成爲最好的自己，就要持續編輯、修訂自己的信念，升級並拓展你的身分認同。

這帶來一個重要的問題：如果信念與世界觀在行爲裡扮演如此重要的角色，它們一開始從何而來？身分認同究竟是怎麼形成的？如何強化身分認同中對自己有益的面向，並漸漸抹除阻礙自己的那些面向？

改變身分認同的兩個步驟

你的身分認同來自你的習慣。你不是生下來就擁有預設信念，每個信念，包括對自身的看法，都由經驗形塑而成❷。

說得更精確一點，習慣就是身分認同的**具體化**。每天把床鋪整理好，你就把「一個有條理的人」這個身分認同具體化了；每天寫作，你就把「一個有創意的人」這個身分認同具體化了；每天鍛鍊，你就把「一個運動的人」的身分認同具體化了。

愈是重複某一行爲，就愈強化與那個行爲相關的身分認同。事實上，英文的「身分」（identity）一字，便源自意指「存在」的拉丁文「essentitas」，以及意指「重複」的拉丁文「identidem」。「身分」的字面意義便是「重複的存在」。

無論你現在的身分認同爲何，你之所以如此相信，唯一的原因就是你有證據。假如你每週日都上教堂，連續二十年不輟，你就有證據可以證明自己是個虔誠的人；假如你每天晚上都花一個小時研讀生物學，你就有證據可以證明自己是個用功好學的人；假如你冒著大雪去健身房，你就有證據可以證明自己是個投入健身的人。有愈多證據支持某個信念，你愈會深信不疑。

早年的多半時間裡，我不認爲自己是個能夠寫作的人。要是去問我的任何一個高中老師或大學教授，他們會說我的寫作能力頂多中等，絕對算不上突出。開始寫作的前幾年，我每週一與週四都發表一篇新文章；而隨著證據累積，我身爲寫作者的身分認同也漸漸成長。我並非一開始就是個作家，而是透過習慣**成為**一名作家。

當然，習慣並非影響身分認同的**唯一**因素，但因爲頻率的關係，它們往往是最重要的因素。生活中的每個經驗都會修改你的自我形象，但不太可能踢一次球就自認是足球選手，也不太可能隨手畫一幅畫就自認是藝術家。然而，當你反覆執行這些動作，證據漸漸累積，你的自我形象也開始轉變。一次性的經驗的效果容易消逝，習慣的效果卻會隨著時間增強——也就是說，習慣提供了大多數可以形塑身分的證據。這樣看來，建立習慣的過程，其實就是成爲自己的過程。

這是漸進式的演化。我們並非一彈指，決定成爲全新的人，就眞的能夠改變，而是一天一天、一點一點，在一個習慣與一個習慣之間改變，持續經歷自我的微演化。

每個習慣都像一個暗示：「嘿，也許我是**這樣**的人。」假如你讀完一本書，也許你是那種喜歡閱讀的人；假如你去了健身房，也許你是那種喜歡運動的人；假如你練習彈吉他，也許你是那種喜歡音樂的人。

你採取的每個行動都像一張選票，投給你想要成爲的那一種人。沒有一個單一例證可以改變你的信念，但隨著票數累積，新身分的證據也聚沙成塔。有意義的改變並不需要極端的變化，這就是原因之一。藉由提供新身分的證據，小習慣可以造就有意義的差異；而當一個改變有意義，它實際上就是一個大改變。這便是微小改善的悖論。

綜合以上所述，你會發現習慣就是通往身分認同轉變的道路。要改變你**是什麼樣的人**，最實際的方法就是改變你**做的事**。

- 每次寫了一頁，你就是個作家。
- 每次練小提琴，你就是個音樂家。
- 每次去健身，你就是個運動的人。
- 每次激勵員工，你就是個領袖。

每個習慣不只產生成果，還教導你更重要的事：信任自己。你開始相信自己眞的可以完成這些事。當選票累積，證據開始轉變，你對自己述說的故事也開始有所不同了。

當然，從另一個方向看也是一樣。每當你選擇去做某個壞習慣，就投了一票給那個身分。好消息是，你不必追求完美。任何一場選舉，雙方陣營都會得到選票。要贏得選戰，不需要百分之百的得票率，只需要獲得多數選票即可。投個幾票給壞習慣或沒有生產力的習慣無傷大雅，你的目標只是要在多數時間裡讓好習慣獲勝。

新的身分認同需要新的證據。持續投你一直以來投的票，就會得到一直以來獲得的結果。沒有做出改變，什麼都不會改變。

這個過程只有簡單的兩步驟：

1. 決定你想要成為什麼樣的人。
2. 透過生活中的小勝利來向自己證明。

首先，決定你想要成為什麼樣的人。這適用於任何層次——個人、團隊、社群、國家。你想要代表什麼？你的原則與價值觀為何？你想要成為哪種人？

這些都是大哉問，許多人不知從何著手——但他們確實知道自己想要什麼樣的成果：六塊腹肌，或是減少焦慮，或是薪水加倍。這沒問題，就由此處著手，從成果逆推回去，看看自己要成為什麼樣的人才能得到這樣的結果。問問自己：「哪種人會獲得我想要的這些東西？」什麼樣的人可以減重四十磅？什麼樣的人可以學會一種新語言？什麼樣的人可以經營一家成功的新創公司？

例如：「什麼樣的人可以寫一本書？」也許是可以貫徹始終且可靠的人。現在，你的焦點從寫一本書（以成果爲基礎），轉移到成爲貫徹始終且可靠的那種人（以身分認同爲基礎）。

這個過程可能帶來這樣的信念：

- 「我是那種願意爲學生挺身而出的老師。」
- 「我是那種給予每個病人時間與同理心的醫生。」
- 「我是那種會爲員工發聲的經理。」

弄清楚自己想要成爲什麼樣的人之後，你就可以開始踏出小小的步伐，去強化你渴望得到的身分。我有個朋友靠著隨時自問「一個健康的人會怎麼做」而成功減重一百磅。她一整天都把這個問題當作行爲指南：一個健康的人會選擇走路或搭計程車？一個健康的人會點墨西哥捲餅或沙拉？她的想法是，只要像健康的人一樣行動，時間夠久，她就會變成健康的人。她是對的。

以身分認同爲基礎的習慣這個概念是一塊敲門磚，引出本書另一個關鍵主題：回饋迴路。你的習慣形塑你的身分認同，你的身分認同又形塑了你的習慣，這是一條雙向道。所有習慣的形成都是一個回饋迴路（我們將在下一章深入探討這個概念），但重要的是，驅動這個迴路的必須是價值觀、原則與身分認同，而非成果。**焦點永遠都要放在成為某一種人，而非得到某一種成果。**

習慣會讓你變成你想要成為的人

身分認同轉變是爲習慣轉變指引方向的北極星。接下來，本書將告訴你如何一步一步在自身、家庭、團隊、公司，或是任何你想要的地方建立更好的習慣。但眞正的問題是：「你是否正在變成你想要成爲的那種人？」第一個步驟不是**什麼**，也不是**如何**，而是**什麼樣的人**。你必須知道自己想要成爲什麼樣的人，不然的話，追求改變無異於乘著無舵之舟。這就是我們必須從此處著手的理由。

你有能力改變對自身的信念。你的身分認同並非不可變更的，每一刻你都有選擇。透過你今天選擇的習慣，你可以選擇自己今天想要強化的身分認同，而這就將我們帶入本書更深的目的，以及習慣之所以重要的眞正原因。

建立更好的習慣不是關乎用各種小訣竅過生活，不是關乎晚上用牙線或早上沖冷水澡或每天穿同樣的衣服，不是關乎達成能夠衡量的外在成就，像是賺更多錢、減重或減少壓力。習慣可以幫助你達成上述這些，但根本上，習慣的精髓並非**擁有**，而是**成為**。

歸根結柢，習慣之所以重要，是因爲它們能夠讓你變成你想要成爲的那種人。透過習慣這條管道，你可以開發你對自己最深的信念。你眞的會變成你的習慣。

本章總覽

- 改變分為三個層次：成果改變、過程改變，以及身分認同改變。
- 改變習慣最有效的方法，就是把焦點放在想要成為什麼樣的人，而不是想要達到什麼成果。
- 你的身分認同源自你的習慣。每個行動都是一張選票，投給你想要成為的那種人。
- 要成為最好的自己，就必須持續編輯、修訂自己的信念，升級並拓展你的身分認同。

■習慣之所以重要的真正原因，不是因為可以讓你得到更好的成果（雖然確實有這個功效），而是因為可以讓你改變對自身的信念。

---

❶無意識（unconscious / nonconscious）與潛意識（subconscious）都可用來描述意識或思想不存在。就算在學術圈，這幾個字也經常交替使用，不太會被吹毛求疵。我在本書選用「無意識」（nonconscious），因為它的字義夠廣，可以指稱我們無法有意識地觸及的心智過程，也可表示單純沒有注意到周遭事物的時刻。「無意識」可用來描述你並未有意識地思考的任何事。

❷當然，身分認同中某些面向不會隨著時間改變——例如認為自己是高是矮。但就算是比較固定的特質，生活經驗還是會決定你是以正面或負面的方式看待它們。

3 四個簡單的步驟，讓你建立更好的習慣

一八九八年，心理學家愛德華・桑代克以一項實驗奠下基礎，讓我們得以了解習慣的形成與引導行爲的法則。桑代克對研究動物行爲有興趣，他先從貓開始。

他把貓分別放入被稱爲「迷籠」的裝置中。迷籠的設計讓貓可以「透過拉繩圈、壓操作桿或踩踏板等簡單行動」，從一個門逃脫。舉例來說，其中一個迷籠裡設有一根操作桿，壓下去，迷籠某側的門就會打開；而門一開，貓就可以衝出來，外面有一碗食物等著。

大部分的貓一被放進去就想要逃出來。牠們會以鼻子嗅聞各個角落、將爪子伸入縫隙，或是抓弄鬆脫的物體。探索幾分鐘之後，貓會碰巧壓到那根魔法操作桿，門就會打開，牠們就會逃出來。

桑代克進行多次試驗，追蹤每一隻貓的行爲。起初，牠們會在迷籠中亂竄，但是當操作桿被壓下、門打開了之後，學習的過程就開始了。漸漸地，每一隻貓都知道壓操

作桿的動作與逃出籠子得到食物的獎賞有關連。

二十到三十次的試驗過後，這個行爲逐漸自動化與習慣化，貓會在幾秒之內逃出來。舉例來說，桑代克如此記錄：「以下是十二號貓在逐次試驗中逃脫所花費的時間：一百六十秒、三十秒、九十秒、六十、十五、二十八、二十、三十、二十二、十一、十五、二十、十二、十、十四、十、八、八、五、十、八、六、六、七。」

頭三次試驗，逃脫所費的平均時間是一分半；末三次試驗，平均花費時間則是六．三秒。透過練習，每隻貓犯的錯愈來愈少，動作愈來愈快，漸趨自動。牠們沒有重複之前犯過的錯，而是開始尋找解決方案。

在他的研究中，桑代克如此描述學習的過程：「帶來可喜後果的行爲往往會被重複，而帶來可厭後果的行爲比較不可能被重複。」要探討生活中的習慣如何形成，桑代克的研究提供了完美的出發點，同時也解答了某些基本問題，例如：習慣是什麼？大腦又爲何特地建立習慣？

習慣可以讓你騰出自由思考與創意所需的心理空間

所謂習慣，就是重複次數多到足以自動化的行爲。習慣形成的過程始於試誤。每當你在生活中遇到一個新的狀況，大腦就必須做個決定：我該如何回應？第一次遇到某個問題，你不確定該如何解決，跟桑代克的貓一樣，你只能嘗試各種做法，看哪種有用。

這段期間，大腦的神經活動非常活躍。你謹慎分析狀況，有意識地做出該如何行動的決定。你接收了大量的新資訊，並且試圖全部弄懂。大腦忙著學習最有效的行動方案。

有時候，一如壓到操作桿的貓，你碰巧遇上解決之道——感覺焦慮，然後你發現出門跑步可以讓心情平靜；一天的工作之後心力交瘁，然後你發現打電動有助於放鬆。你不斷探索、探索、探索，然後砰地一聲，獎賞出現。

碰巧遇上意料之外的獎賞後，你下次就會變更策略。大腦會立刻開始記錄獎賞出現之前的行爲。等一下，這感覺眞棒。我在這之前做了什麼？

這就是所有人類行爲背後的回饋迴路：嘗試，失敗，學習，做不一樣的嘗試。透過練習，無用的行爲漸漸消逝，有用的行爲則被強化，習慣於焉形成。

只要反覆遇上一樣的問題，大腦就會開始將解決的程序自動化。所謂習慣，就是針對規律遇上的問題與壓力的一組自動化解決方案。如同行爲科學家傑森・瑞哈所言：「習慣不過是環境中反覆出現的問題的可靠解決之道。」

當習慣被創造出來，腦中活動的程度便隨之**降低**。你學會專注於可以帶來成功的提示，把其他雜訊屛除在外。未來遇上類似的情境，你確切知道應該尋求什麼，從每個角度分析狀況的需求不再。大腦跳過試誤的過程，創造了一條心理規則：如果這樣，就會那樣。只要情況適切，就會自動遵循這些認知腳本。現在，只要感受到壓力，你就有出門跑步的衝動；下班走進家門，你就拿起電玩的搖桿。曾經需要努力去做的選擇已經變得不假思索，一個習慣就這樣形成了。

習慣是透過經驗獲得的心理捷徑。某種意義上，習慣只是對你過去解決問題的步驟的記憶，只要條件對了，你就能訴諸這份記憶，自動套用相同的解決之道。大腦記憶過去的主要原因，就是要更精確地預測什麼做法在未來有效。

習慣的形成相當有用，因爲意識是大腦的瓶頸，它一次只能注意一個問題。所以，爲了眼前最重要的任務，大腦總是努力保存你有意識的注意力。只要情況允許，意識喜歡把任務分配給無意識去不假思索地做，這就是一個習慣形成時所發生的事。習慣減輕了認知負荷，釋出心智容量，好讓你把注意力分配給其他任務。

儘管效率卓越，有些人依然質疑習慣的好處，論點大概是這樣：「習慣會不會讓我的生活變得無聊？我不想把自己圈限在不喜歡的生活方式中。這麼多例行事務不會奪走生命的活力與隨興嗎？」眞的不會。這些質疑來自一種錯誤的二分法，讓你誤以爲必須在養成習慣與獲得自由之間抉擇。其實，這兩者反而相得益彰。

習慣不會限制自由，而是創造了自由。事實上，沒能掌握習慣的人往往擁有**最少**的自由。少了良好的財務習慣，你永遠在操心下一餐的著落；少了良好的健康習慣，你會永遠缺乏活力；少了良好的學習習慣，你會一直感覺自己追不上別人。倘若你總是被迫為簡單的任務做決定——什麼時候該健身、該去何處寫作、什麼時候繳費——你的自由時間就減少了。想要騰出自由思考與創意所需的心理空間，唯一的方法就是簡化生活中的基本事務。

反過來說，當你建立了習慣，搞定生活中的基本事務，你的心智就能自由地聚焦於新的挑戰，掌握下一組問題。現在把習慣建立好，你就得以在未來做更多想做的事。

習慣形成的四步驟

建立習慣的過程可以被分為四個簡單的步驟：**提示**、**渴望**、**回應**、**獎賞**❶。將其分解為這些基本部分，可以幫助我們了解習慣是什麼、習慣如何運作，以及怎麼改善習慣。

這個四步驟的模式是所有習慣的骨幹，大腦每一次都會依序經歷這些步驟。

首先是**提示**。提示促使你的大腦開啟一個行為，它是預示獎賞的一點資訊。我們史前時代的祖先時時注意環境中的提示，這些提示傳達了食物、水、性等主要獎賞的所在地；今日，我們則花大部分時間留意預示了金錢與名聲、權勢與地位、讚賞與認同、愛情與友誼，或是個人滿足感等次要獎賞的提示（當然，這些追求也間接提升了生存與繁衍的機率，這是我們所有行爲背後更深層的動機）。

你的心智不斷分析內在與外在環境，尋找獎賞所在的各種暗示。因爲提示是我們接近獎賞的第一個指標，自然會帶來渴望。

渴望是第二個步驟，也是所有習慣背後的動力。少了某種程度的動機或欲望——少了對改變的渴望——就沒有行動的理由。你渴望的不是習慣本身，而是習慣帶來的狀態改變。你並不渴望抽一根香菸，你渴求的是吸菸帶來的放鬆感；激勵你刷牙的不是這個行爲本身，而是口腔清爽的感覺；你不是想要打開電視，你想要的是娛樂。每一份渴望都連結著改變內在狀態的欲望，我們之後會深入探討這個重點。

每個人的渴望都不一樣。理論上，每一條資訊都能觸發一份渴望，但實際上，人們不會被相同的提示刺激。對賭徒而言，吃角子老虎機的聲響可以帶來一波很猛烈的欲望，但對很少賭博的人來說，賭場的喧囂嘈雜不過是背景噪音。詮釋與解讀之前，提示

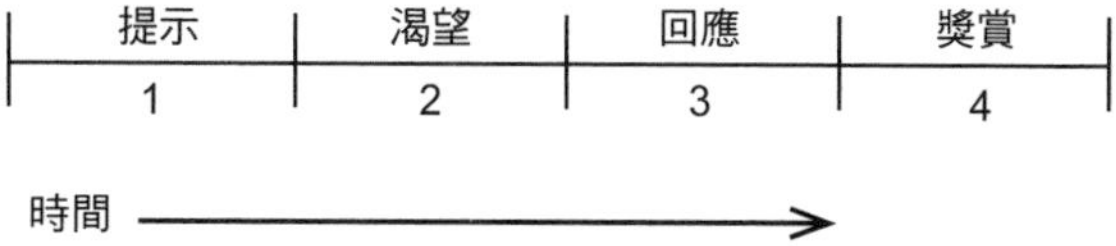

圖5：所有習慣都依序經歷這四個階段：提示、渴望、回應、獎賞。

沒有意義，將提示轉變爲渴望的是觀察者的思想、感覺與情緒。

第三個步驟是**回應**。回應是你確實執行的習慣，可能會以想法或行爲的方式呈現。回應會不會發生，取決於你受到多少刺激，以及與行爲連結的阻力多大。倘若某個行爲所需的身體或心智勞力超出你願意付出的量，你就不會去做。此外，回應也取決於你的能力。聽起來很簡單，但習慣只在你能力允許的範圍內可行。如果你想要灌籃，但跳起來碰不到籃框，嗯，算你運氣差。

最後，回應會帶來**獎賞**。獎賞是每個習慣的終極目標。提示關乎察覺獎賞，渴望關乎想要獎賞，回應則關乎取得獎賞。我們因爲兩個目的追求獎賞：一，獎賞滿足我們；二，獎賞教育我們。

獎賞的第一個目的是**滿足渴望**。沒錯，獎賞本身就提供了益處——食物與水提供了生存所需的能量，升遷帶來更多金錢與尊重，把身材練好能提升你的健康與約會成功率。然而，更爲立即的益處是：獎賞滿足了你進食、得到地位或贏得認同的渴望。至少，獎賞帶來片刻的滿足，解了渴望。

其次，獎賞教育我們哪些行爲在未來值得被記住。大腦是一具獎賞偵測器，過生活的同時，你的感覺神經系統持續在監測什麼樣的行爲可以滿足欲望、帶來愉悅。愉悅感與失落感是回饋機制的一部分，幫助大腦區別有用與無用的行爲。獎賞封閉了回饋迴路，完整了習慣循環。

這四個階段缺其一，行爲就不會成爲習慣。去掉提示，習慣根本不會開始；去掉渴望，就沒有足夠的動機去行動；行爲過於困難，就沒辦法執行；而若是獎賞未能滿足欲望，未來就沒有理由再做一次。少了前三個步驟，行爲不會發生；少了第四個步驟，行爲不會被重複。

總而言之，提示引起渴望，渴望激發回應，回應提供獎賞，獎賞滿足渴望，繞了一圈，又與提示連結。這四個步驟合在一起，形成了一個神經學上的回饋迴路——提示、渴望、回應、獎賞；提示、渴望、回應、獎賞——最終讓你建立了自動化的習慣。這樣的循環被稱爲習慣迴路。

習慣迴路

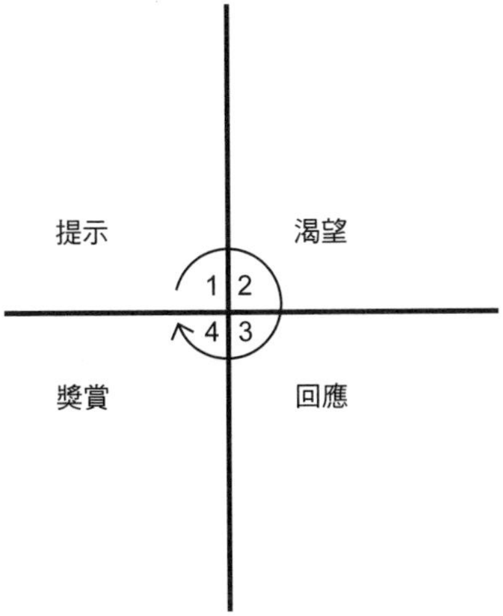

圖6：描述習慣四階段的最佳方式，就是回饋迴路。它們形成一個無盡的循環，在你活著的每一刻都持續運作。這個「習慣迴路」不斷掃視環境，預測接下來會發生什麼，嘗試不同的回應，然後從結果中學習。

這個四步驟的過程並非偶發事件，而是一個無盡的回饋迴路，在你活著的每一刻都活躍運作——包括現在。大腦不斷掃視環境，預測接下來會發生的狀況，嘗試不同的回應，然後從結果中學習。整個過程在毫秒之間完成，我們一再使用，沒有意識到被塞進前一刻的一切。

這四個步驟可以分爲兩個階段：問題階段與解決方案階段。問題階段包含提示與渴望，那是當你發現有事情需要改變時；解決方案階段則包含回應與獎賞，那是當你採取行動並達到你想要的改變時。

問題階段		解決方案階段	
1. 提示	2. 渴望	3. 回應	4. 獎賞

所有行爲都受解決問題的欲望驅使。有時候，問題是你注意到某樣好東西而且想要得到它；有時候，問題是你經歷痛苦，想要解除。無論何者，每個習慣的目的都是要解決你面對的問題。

在下頁的表格中，你可以從幾個例子看出這個過程在眞實生活裡大概會是怎樣。

想像你走進昏暗的房間，把燈打開。這個簡單的習慣你已經做過太多次，所以想都不用想，但其實，你在毫秒之間完整經歷了四個步驟。採取行動的強烈欲望不用經過思考便能驅動你。

成年之後，我們鮮少注意到掌管我們生活的各種習慣。每天早上都先綁某一腳的鞋帶、用完烤麵包機都會把插頭拔掉、下班回家總是立刻換上舒適的衣服——對於這類事情，大部分人很少多想。經過數十年的心理編碼之後，我們自動落入這些思考與行動模式。

問題階段		解決方案階段	
1. 提示	2. 渴望	3. 回應	4. 獎賞
你的手機鈴聲響了，有新訊息。	你想要知道訊息內容。	你拿起手機讀訊息。	你滿足了想知道訊息內容的渴望。拿起手機這個動作就跟手機鈴響連結在一起了。
你在回覆電子郵件。	你開始感受到壓力，覺得被工作壓垮了。你想要覺得自己有掌控權。	你咬指甲。	你滿足了減低壓力的渴望。咬指甲這個動作就跟回覆電子郵件連結在一起了。
你起床。	你想要感覺警醒。	你喝了一杯咖啡。	你滿足了感覺警醒的渴望。喝咖啡與起床就連結在一起了。

走在辦公室旁的街道上時，你聞到甜甜圈店的味道。	你開始渴望一個甜甜圈。	你買了一個甜甜圈吃。	你滿足了吃甜甜圈的渴望。買甜甜圈與走在辦公室旁的街道上就連結在一起了。
你在某個工作專案上遇到絆腳石。	你感覺受困，想要減輕挫敗感。	你拿出手機逛社群媒體。	你滿足了放鬆的渴望。逛社群媒體就與工作遇到瓶頸連結在一起了。
你走進昏暗的房間。	你想要看得見。	你把燈打開。	你滿足了想要看見的渴望。把燈打開就與走進昏暗的房間連結在一起了。

適用於任何領域的行為改變四法則

在接下來的章節中，我們會一再看到提示、渴望、回應、獎賞這四個步驟如何影響我們每天所做的每件事。但在此之前，我們必須先把這四個步驟轉化為可以用來設計好習慣與戒除壞習慣的實用架構。

我把這個架構稱為**「行為改變四法則」**，它提供了一組簡單的規則，讓我們創造好習慣，破除壞習慣。你可以把每個法則看作影響人類行為的操作桿，當操作桿處在正確的位置，建立好習慣易如反掌；當操作桿處在錯誤的位置，建立好習慣難如登天。

	如何建立好習慣
法則 1（提示）	讓提示顯而易見
法則 2（渴望）	讓習慣有吸引力
法則 3（回應）	讓行動輕而易舉
法則 4（獎賞）	讓獎賞令人滿足

若想要學會破除壞習慣，則可以反轉這些法則。

	如何破除壞習慣
法則 1 的反轉（提示）	讓提示隱而不現
法則 2 的反轉（渴望）	讓習慣毫無吸引力
法則 3 的反轉（回應）	讓行動困難無比
法則 4 的反轉（獎賞）	讓後果令人不滿

宣稱這四個法則對改變**任何**人類行為而言都是一個毫無遺漏的全面性架構，有點不負責任，但我認為，雖不中，亦不遠矣。你很快就會看見，行為改變四法則幾乎適用於每個領域，從體育到政治，從藝術到醫學，從喜劇到管理。無論面對什麼挑戰，這些法則都能用，毋須為不同的習慣創造不同的策略。

每當你想要改變一個行爲，只要自問：

1. 我要怎麼讓提示顯而易見？
2. 我要怎麼讓習慣有吸引力？
3. 我要怎麼讓行動輕而易舉？
4. 我要怎麼讓獎賞令人滿足？

如果你曾經納悶：「爲什麼我不照自己說的去做？爲什麼我不減重，或戒菸，或爲退休存錢，或開創那份副業？爲什麼我明明說某件事很重要，卻似乎從來不爲這件事撥出時間？」這些問題的答案，都可以在四法則中的某處覓得。建立好習慣與破除壞習慣的關鍵，就是了解這些基本法則，並學會依照自己的需求修改。只要與人性常理相悖，任何目標都注定失敗。

習慣是由生活中的種種系統形塑而成。在接下來的章節中，我們將逐一探討這些法則，讓你知道如何運用它們創造一套讓好習慣自然生成、壞習慣自然破滅的系統。

本章總覽

- 習慣就是重複次數多到足以自動化的行為。
- 習慣的終極目標，就是用最少的能量與努力解決生活中的問題。
- 所有習慣都能被分解為包括提示、渴望、回應、獎賞等四步驟的回饋迴路。
- 行為改變四法則是一組能幫助我們建立更好習慣的簡單規則：一，讓提示顯而易見；二，讓習慣有吸引力；三，讓行動輕而易舉；四，讓獎賞令人滿足。

---

❶讀過查爾斯·杜希格寫的《為什麼我們這樣生活，那樣工作？》的人會認出這些詞彙。杜希格寫了一本很棒的書，而我打算接續他未竟的部分，將這四個階段融入四條簡單的法則裡，讓你用來在生活與工作上打造更好的習慣。

—法則1—

讓提示顯而易見

4 行爲改變的過程始於覺察

心理學家蓋瑞．克萊恩跟我說過一個故事，關於一個參加家族聚會的女人。擔任急救護理人員多年的她到聚會現場看了她公公一眼，便感到十分憂心。

她說：「我覺得你看起來不太對。」

她公公當時感覺毫無異狀，於是開玩笑回應：「嗯哼，我也覺得你看起來不對。」

「我是認眞的。」她堅持道，「你現在就必須去醫院。」

幾個小時後，她公公做了救命手術。檢查發現他的主動脈阻塞，隨時都有心臟病發的風險，若不是因爲媳婦的直覺，他可能保不住這條命。

這個急救護理人員看見了什麼？她怎能預知迫近的心臟病發？

當主動脈阻塞，身體會全力把血液送到重要的器官，而忽略皮膚表層的末梢區域，結果就是分配到臉部的血液量有所變化。與心臟衰竭者接觸多年後，她不知不覺地培養出辨認這種狀況的能力。她無法解釋自己在公公臉上注意到什麼，但她就是知道事情不對勁。

別的領域也有類似的故事。舉例來說，自家艦隊的飛機與敵軍的飛彈以同樣的速度飛行於相同高度，在雷達螢幕上的光點看起來幾乎一模一樣，但軍事分析師就是可以辨別兩者。波斯灣戰爭中，美國海軍少校麥可．萊里下令擊落飛彈——儘管它在雷達上看起來無異於自家飛機——因而拯救了整艘戰艦。他做了正確決定，但連他的長官都無法解釋原因。

博物館館長可以分辨眞正的藝術品與專業製作的贗品，卻無法精確說出哪些細節不同；經驗老道的放射科醫師光看大腦掃描圖，就能預知會發生中風的區塊，縱使明顯的徵兆仍隱而未現。我甚至聽過有髮型師光靠頭髮的觸感，就察覺顧客懷孕了。

人類的大腦是一部預測機器，不斷偵查周遭環境，分析遇上的資訊。當你反覆經歷一件事——例如急救護理人員看見心臟病患的臉，或是軍事分析師在雷達上看到飛彈——大腦就會開始留意重點，梳理細節，標記相關提示，把那份資訊記錄起來，以供未來使用。

只要有足夠的練習，你就能不假思索地挑出預示某些結果的提示。你的大腦會自動將透過經驗習得的知識編碼。我們不是每次都能解釋自己學到什麼，但學習持續進行，而你在特定狀況下注意到相關提示的能力，就是你每個習慣的基礎。

我們低估了大腦和身體可以在不思考的狀況下做多少事。你沒有叫你的毛髮生長、叫你的心臟搏動、叫你的肺部呼吸，或是叫你的腸胃消化，然而，你的身體多半以自動駕駛的方式處理了這些任務。你遠遠超過自己的意識。

想想飢餓吧。你怎麼知道自己餓了？不見得要看到櫃檯上的餅乾，你才知道該吃東西了。食欲和飢餓被無意識地掌控著，透過各種不同的回饋迴路，你的身體漸漸提醒你再次進食的時間到了，並追蹤體內與外界發生的事。多虧了在體內循環的荷爾蒙與化學物質，進食的渴望才能浮現。突然間，你餓了，縱使你不知道什麼東西觸發了這種感覺。

這是關於習慣最驚人的洞見之一：要開始一個習慣，並不需要察覺提示。不必有意識地投入注意力，你也能留意到機會，並採取行動。這就是習慣之所以有用的原因。

不過，這也讓習慣變得危險。當習慣形成，你的行動就會服從你自動化的無意識心智的指示。還不知道發生什麼事，你就掉進舊模式裡了。除非有人指出來，否則你不會注意到自己每次笑都以手掩口、問問題之前都先道歉，或者習慣在別人還沒講完話時插嘴。重複這些模式愈多次，你愈不會去質疑自己的作為與背後的原因。

我聽說過有個店員習慣在顧客用完餘額時剪掉對方的儲值卡。某天，這個店員一連幫幾名使用儲值卡的顧客結帳，而當下一個顧客上前時，這個店員刷了對方的信用卡，然後拿起剪刀，把那張信用卡剪成兩半——完全不假思索。等到抬頭看見一臉驚訝的顧客，他才知道自己幹了什麼好事。

我在進行研究時遇見一名女子，她本來在幼稚園上班，後來轉職進入某公司。即使現在身邊都是成人，老習慣還是會復萌，讓她常常在同事如廁後問對方有沒有洗手。我還聽過一名擔任救生員多年的男人看到小孩奔跑時，偶爾會大喊：「用走的！」

隨著時間過去，激發習慣的提示變得太過尋常，基本上隱形了：廚房裡放的零食、沙發旁的電視遙控器、口袋裡的手機。我們對這些提示的回應已深深烙印，以至於採取行動的強烈欲望感覺像是無緣無故出現。因此，務必帶著覺知展開改變行爲的過程。

在能夠有效建立新習慣之前，必須先掌握現有的習慣。聽起來簡單，實際上頗有挑戰性，因爲習慣一旦在生活中扎根，多半會變得自動化、無意識。如果習慣一直是不需要動腦筋的，你就不能期待有所改善。一如心理學家榮格所言：「倘若無法意識到無意識，它就會指揮你的生活，然後你會稱之爲命運。」

習慣記分卡幫助你覺察自身習慣

日本的鐵路系統被視爲世界頂尖。如果你曾在日本搭火車，就會發現車掌有個奇怪的習慣。

列車司機會執行一項儀式：手指不同物體，嘴巴喊出指令。列車靠近號誌時，司機會指著號誌說：「現在是綠燈。」當列車駛入或駛離一個車站，司機會指著儀表板喊出確切的時速，離站前則指著時刻表喊出時間。月臺上的其他工作人員也會做類似的動作。列車準備開動前，工作人員會指著月臺邊緣宣布：「列車可以放行！」每個細節都被確認、被指著、被大聲喊出來。

這套被稱爲「指差確認」的程序是被設計來減少錯誤的安全系統❶，看似愚蠢，效果卻十分卓越。指差確認減少了百分之八十五的錯誤，並避免了百分之三十的事故。紐約地鐵也採用修改過的「只指不喊」版本，實行不到兩年，地鐵列車沒停妥的發生率就下降了百分之五十七。

指差確認之所以如此有效，就是因爲把無意識的習慣拉到有意識的層次。列車司機必須眼耳手口並用，所以比較可能在出錯之前察覺到問題。

我老婆也會做類似的事。準備走出家門去旅行前，她會開口清點攜帶清單上最要緊的項目：「我帶了鑰匙。我帶了錢包。我帶了眼鏡。我帶了老公。」

一個行爲愈是自動化，我們愈不會有意識地想到它。當一件事情做了上千次，我們就會開始忽略一些東西，預設下一次的狀況會跟上一次一模一樣。我們太習慣一直以來所做的，不會停下來質疑這樣做到底對不對。許多失敗都可以歸咎於缺乏自我覺察。

對自己實際的作爲保持意識、保持覺察，是改變習慣最大的挑戰之一。這解釋了爲何惡習的後果可以展開偷襲。在個人生活中，我們也需要「指差確認」系統。這就是「習慣記分卡」的起源，透過這個簡單的練習，你會更能察覺自己的行爲。想要做一份自己的記分卡，先列出你每日習慣的清單。

看看下列這個簡單的範例，你就知道如何開始列清單：

- 起床
- 關鬧鐘
- 看手機
- 去浴室
- 量體重
- 淋浴

■刷牙
■用牙線
■擦體香劑
■把浴巾掛起來晾乾
■穿衣服
■泡一杯茶
……等等

整張列完後，審視每一個行爲，問問自己：「這是好習慣、壞習慣，或是不好不壞的習慣？」如果是好習慣，就在旁邊標上正號（＋）；如果是壞習慣，在旁邊標上負號（－）；假如是不好不壞的習慣，在旁邊標上等號（＝）。

舉例來說，前面那張清單看起來可能像這樣：

■起床＝
■關鬧鐘＝
■看手機－

■去浴室＝

■量體重＋

■淋浴＋

■刷牙＋

■用牙線＋

■擦體香劑＋

■把浴巾掛起來晾乾＝

■穿衣服＝

■泡一杯茶＋

給某一特定習慣什麼記號，取決於你的情況與目標。對想要減重的人來說，每天早上吃一個花生醬貝果可能是壞習慣，但對試圖增肌讓身體厚實的人而言，同樣的行爲卻可能是好習慣。全都取決於你努力的方向❷。

給習慣打分數之所以有點複雜，還有另一個原因。「好習慣」與「壞習慣」這樣的標籤略顯不精確——沒有好習慣或壞習慣，只有「有效的習慣」。所謂有效，指的是有效解決問題。所有的習慣都以某種方式爲你效勞（壞習慣也不例外），所以你才會重複它們。在這個記分卡的練習中，爲習慣歸類時請考量**長遠的益處**。一般而言，好習慣帶來的最終結果是正面的，壞習慣的最終結果則是負面的。抽菸或許能減輕當下的壓力（它就是這樣爲你效勞的），但長久來看並非健康的習慣。

如果你還是覺得決定某個習慣的好壞很困難，我很愛用的一個問句是：「這個習慣能幫助我成爲我想要成爲的那種人嗎？對於我渴望的身分認同，這個習慣投的是同意票或反對票？」能夠強化你渴望的身分認同的習慣，通常是好習慣；與之相悖的，則通常是壞習慣。

製作習慣記分卡時，還不需要做出任何改變，目標只是要注意到實際發生的行爲。請不帶評價或批判地觀察自己的想法與行動，不要因爲錯誤而責難自己，也不要因爲成功而讚揚自己。

假如你每天早上都吃一條巧克力，承認這件事，彷彿旁觀他人一樣。哦，竟然會這樣做，眞有趣。假如你暴飲暴食，只要注意到你攝入的卡路里超過所需。假如你在網路上虛擲光陰，就注意到你正以非己所願的方式消耗生命。

改變惡習的第一步，就是密切注意它們。如果覺得需要額外的協助，可以嘗試在生活中執行指差確認，大聲說出你打算做的事，以及可能的結果。如果你想要戒掉吃垃圾食物的習慣，卻注意到自己抓起一片餅乾，就大聲說：「我正要吃這塊餅乾，但我不需要。吃這塊餅乾會增加我的體重，並危害我的健康。」

聽見壞習慣被說出來，會讓後果顯得更加眞實。這會爲你的行爲添加重量，避免你不假思索地重拾舊習。就算只是要記得待辦清單上的某一件事，這招也很有用。「明天吃完午餐，我要去郵局一趟。」光是把這句話大聲說出來，就會提高你實際去做的機率。藉由這樣做，你讓自己承認採取行動的必要——而這可能會讓一切變得不同。

行爲改變的過程始終始於**覺察**。指差確認與習慣記分卡這類策略的重點，在於讓你認出自己的習慣及觸發這些習慣的提示，這樣你才有可能以對自己有益的方式做出回應。

本章總覽

- 只要有足夠的練習，你的大腦就會不假思索地挑出預示某些結果的提示。
- 習慣一旦自動化，我們就不會再注意自己所做的事。
- 行為改變的過程始終始於覺察。必須先意識到自己的習慣，才能改變它們。
- 「指差確認」透過開口說出自己的行為，把無意識的習慣拉到有意識的層次。

■你可以運用「習慣記分卡」這個簡單的練習，來增加對自身行為的覺察。

❶造訪日本時，我親眼看見這項策略拯救了一個女人的性命。新幹線的車廂門正要關上時，她年幼的兒子踏了進去。站在月臺上的女人把手臂伸進去拉她兒子，而夾著她手臂的列車即將離站。但就在列車啓動前，一名工作人員沿著月臺進行指差確認，五秒之內就注意到被車門夾住的女子，成功阻止列車離站。車門打開，那名淚眼汪汪的女子跑去抱住兒子；一分鐘之後，列車安全駛離。

❷有興趣建立自己的習慣記分卡的讀者，可以上「圓神書活網」（www.booklife.com.tw）搜尋「原子習慣」這本書，進入單書網頁後，即可找到下載「習慣記分卡範本」的連結。

5 開始一個新習慣最好的方法

二〇〇一年，英國研究人員展開一項實驗：讓兩百四十八個人打造更好的運動習慣，爲期兩週。受試者被分爲三組。

第一組是控制組，只需要追蹤自己的運動頻率就好。

第二組是「激勵組」，除了追蹤運動頻率，還要閱讀一些關於運動益處的資料。研究人員還向這組受試者解釋運動如何減低冠狀動脈疾病的風險，且讓心臟變得更健康。

最後是第三組。這組受試者接收了跟第二組一樣的資訊，以確保他們獲得相同程度的激勵。不過，他們還需要爲下一週運動的時間與地點做出計畫。精確地說，第三組的每個成員都要完成這個句子：「下週，我會於〔某日〕的〔某時〕在〔某處〕進行至少二十分鐘的激烈運動。」

第一組與第二組，百分之三十五到三十八的人每週至少運動一次（有趣的是，給第二組人的激勵對他們的行爲似乎沒有太大影響），但第三組有百分之九十一的人每週至少運動一次——是其他組的不只兩倍。

第三組受試者塡寫的句子，就是研究人員所謂的「執行意向」，一份你要在何時何處行動的預先計畫；換句話說，就是你**打算如何執行某一特定習慣**。

觸發一個習慣的提示會以各種形式出現——手機在口袋裡震動的感覺、巧克力餅乾的香味、救護車的鳴笛聲——但最常見的兩種提示，就是**時間與地點**。執行意向運用了這兩者。

概括地說，執行意向大致是長這樣：

「當X情境發生時，我就會執行Y回應。」

數百項研究顯示，執行意向能有效促使我們堅持目標，無論是寫下打流感疫苗的確切日期與時間，或是記下大腸鏡檢查的預約時間。它提升了人們堅持資源回收、讀書、早睡、戒菸等習慣的機率。

研究人員甚至發現，當選民被迫創造執行意向時，投票率也會提升，只需要請他們回答「要走什麼路線去投票所？預計幾點出門？要搭幾號公車去？」這類問題就可以了。其他有成效的政府計畫，也會敦促公民做出準時繳稅或繳清過期罰單的確切規畫。

結論很清楚：**對何時何地執行一項新習慣做出確切計畫的人，比較可能真的去執行。**太多人還沒搞清楚這些基本細節，就去嘗試改變自己的習慣。我們告訴自己「我要吃得健康一點」或「我要多寫一些文章」，但從來沒說這些習慣要在何時何地發生；我們把這些事交給機遇，期待自己會「突然記得要做」，或是在對的時候剛好受到激勵。執行意向掃除模糊的概念，像是「我要多運動」或「我要更有生產力」或「我該去投票」，以**具體的行動計畫**取而代之。

許多人認為自己缺乏激勵，其實他們缺的是清晰。採取行動的時間與地點並非總是顯而易見，有些人花了一輩子等待改善自我的正確時機。

一旦設定執行意向，就不用等靈感來敲門。我今天要寫一個章節嗎？我要在早上靜心還是等吃完午餐？當行動的時刻到來，不需要做決定，只要照預定計畫執行即可。

將此策略應用於習慣的簡單方法，就是填寫下面這個句子：

我會於〔時間〕，在〔地點〕進行〔行為〕。❶

■ 靜心：我會於早上七點，在廚房靜心一分鐘。

■讀書：我會於晚間六點，在臥室讀西班牙文二十分鐘。
■運動：我會於傍晚五點，在健身房運動一小時。
■婚姻：我會於早上八點，在廚房爲我的伴侶泡一杯茶。

如果不確定要何時開始執行新習慣，試試每年、每月或每週的第一天。人比較可能在這些時間點展開行動，因爲比較有充滿希望的感覺。有希望，就有採取行動的理由。新的開始會讓人覺得受到鼓舞。

執行意向還有另一個益處。確切知道自己想要什麼、如何達成目標，可以幫助你拒絕干擾你前進、令你分心、讓你脫離軌道的事物。我們常常答應小要求，因爲我們不清楚：不然有什麼事情是必須去做的？當你的夢想太模糊，就很容易整天將小例外合理化，而不去處理成功所需的確切任務。

給你的習慣一個存在世上的時間與空間，目標是要讓執行的時間與地點明顯到只要重複的次數夠多，就算說不出原因，你也會在對的時間強烈想要去做對的事。如同作家傑森．茲威格指出的：「顯然，你不可能在沒有意識的狀態下去運動。但就像狗聽到鈴聲會分泌唾液，到了一天當中你通常會去運動的時間，你或許也會開始坐不住。」

有許多方法可以把執行意向運用在生活與工作中。我最喜歡的一招是從史丹佛教授B·J·佛格那裡學來的，我把這個策略稱為「**習慣堆疊**」。

徹底修正習慣的「習慣堆疊」

法國哲學家德尼·狄德羅幾乎一生窮困，但這狀況在一七六五年的某天改變了。

狄德羅的女兒快要嫁人，但他沒錢支付婚禮的開銷。儘管沒有財富，狄德羅卻以主編《百科全書》聞名，那是當時最詳盡的百科全書之一。俄羅斯女皇凱薩琳大帝聽聞他的財務窘境，心生憐憫。女皇雅好閱讀，非常喜歡他的百科全書，於是出價一千英鎊——超過今天的十五萬美元——買下狄德羅的私人藏書❷。突然間，狄德羅手頭寬裕了。他不只出錢辦了婚禮，還為自己添了一件緋紅色的長袍。

狄德羅的緋紅長袍很美，事實上，美到讓他立即發現這件長袍在其他不起眼的所有物當中顯得格格不入。狄德羅寫道，優雅的長袍與他的其他物品之間「已經沒有和諧，沒有一致性，沒有美了」。

狄德羅很快就有了讓自己的所有物升級的強烈欲望。他把原本的地毯換成來自大馬士革的地毯；他用昂貴的雕像布置家裡；他買了一面鏡子放在壁爐架上，又購入一張比較高級的餐桌；他扔掉藤椅，換上皮椅。每一次的購物都帶來下一次，如同骨牌。

狄德羅的行爲並非不尋常。其實，每一次的購物都帶來下一次的這種傾向有個名字：狄德羅效應。狄德羅效應顯示，取得一項新的所有物往往會帶來連鎖消費反應，平添額外的購物。

這個模式隨處可見。買了一件洋裝，就需要與之搭配的新鞋和新耳環；購入一張沙發，就開始挑剔整個客廳的陳設；爲孩子添了一個玩具，很快就發現自己把整套配件買齊了。這就是購物的連鎖反應。

許多人類行爲都遵循這個循環。你常常根據自己剛剛做完的事，來決定接下來要做什麼：去浴室就會順便洗手、擦手，然後記起要把髒毛巾放進洗衣籃，於是把洗衣精寫進購物清單。沒有行爲是獨自發生的，每個行爲都成爲觸發下一個行爲的提示。

這有什麼重要？

建立新習慣時，可以讓行爲的連結性爲你所用。建立新習慣最好的方法之一，就是先找出自己目前的每日習慣，然後把新的行爲堆疊上去。這就叫作**習慣堆疊**。

習慣堆疊是執行意向的一種特殊形式——不是將新習慣與特定的時間和地點配對，而是讓新習慣與目前的習慣配對。B．J．佛格在「微習慣計畫」裡創造的這一招，幾乎可以爲任何習慣設計出顯而易見的提示[3]。

習慣堆疊的公式如下：

「做完〔目前的習慣〕之後，我會執行〔新的習慣〕。」❹

舉幾個例子：

■靜心：每天早上把咖啡倒入杯中之後，我會靜心一分鐘。

■運動：脫下上班的鞋子之後，我會立刻換上運動服。

■感恩：坐下來準備吃晚餐時，我會說出一件當天讓我心懷感激的事。

■婚姻：每晚上床睡覺時，我會給伴侶一個吻。

■安全：穿上跑鞋之後，我會發一則訊息給家人或朋友，告知他們我會去哪裡跑步、會跑多久。

關鍵在於**把想要的行為跟每天已經在做的事情綁在一起**。掌握基本架構之後，就能開始把小習慣串聯在一起，創造更大規模的堆疊。這讓你得以利用「一個行爲導致下一個行爲」的慣性——狄德羅效應的正面版本。

每天早晨的習慣堆疊可能類似這樣：

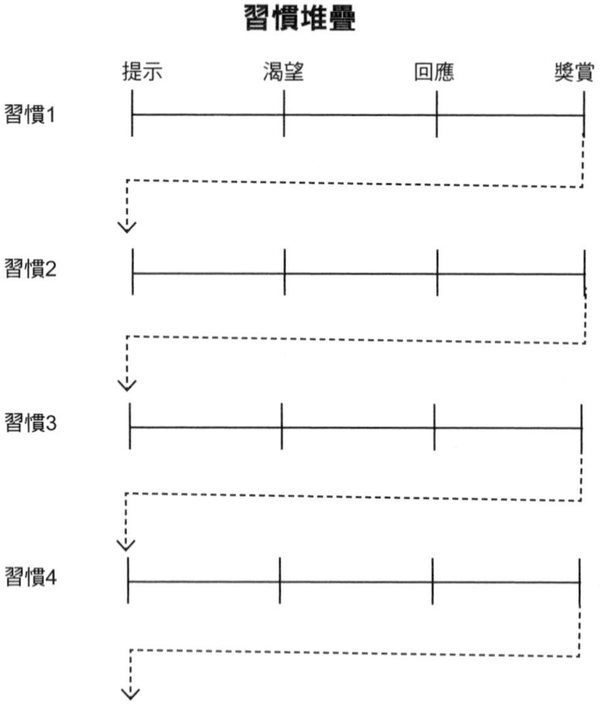

圖7：「習慣堆疊」藉由把新行為堆疊到舊行為上，提升了你堅持某項習慣的可能性。重複這個過程，把許多習慣串聯在一起，讓每個行為成為下一個行為的提示。

1. 倒好咖啡之後，我會靜心六十秒。
2. 靜心六十秒之後，我會寫下當日的待辦事項。
3. 寫完待辦事項，我會立刻著手處理清單上的第一件事。

或者，想想晚間的習慣堆疊：

1. 用完晚餐，我會直接把碗盤放進洗碗機。
2. 放好碗盤之後，我會馬上擦拭流理臺。
3. 清好流理臺之後，我會把明早要用的咖啡杯拿出來。

你也可以把新行爲插入目前的例行事務中。比方說，你目前的早晨例行公事可能是：起床→整理床鋪→淋浴。假設你想要養成每天晚上多閱讀的習慣，就可以嘗試拓展你的習慣堆疊：起床→整理床鋪→**放一本書在枕頭上**→淋浴。這樣一來，每晚上床時就會有一本書躺在那裡等你享用。

整體而言，習慣堆疊讓你得以創造一組引導未來行爲的簡單規則，就好像你對於接下來該做什麼永遠都有執行計畫。而一旦可以自在運用這一招，就能視情況所需，開發可以引導你的常用習慣堆疊：

■ 運動：看到樓梯時，我就不搭電梯，改走樓梯。

- 社交技巧：走進一個派對時，我會向一個不認識的人介紹自己。
- 財務：想要買的東西超過一百美元時，我會等二十四小時再做決定。
- 健康飲食：可以決定餐點內容時，我永遠會先把蔬菜放進盤子。
- 極簡生活：購入一樣新東西時，我會送出一樣舊東西（「一進一出原則」）。
- 心情：電話響時，接聽之前我會先深呼吸、微笑。
- 健忘：離開一個公共場所時，我會檢查桌面和椅子，確認自己沒有把任何物品留在那裡。

無論你是如何運用這項策略，成功創造習慣堆疊的祕訣，就是**找到觸發行為的正確提示**。不像執行意向確切指出做某個行為的時間與地點，習慣堆疊隱含時間與地點在其中。選擇在日常生活中的哪個時間與地點安插新習慣，影響很大。假如你想在晨間例行公事中加入靜心，但你每天早上都過得很混亂，小孩一直跑進房裡，那麼，這也許就不是恰當的時間與地點。要思考在什麼時段最容易成功，別要求自己在可能會被其他事情干擾的情況下執行新的習慣。

此外，提示出現的頻率也應該與你想要的習慣發生的頻率相同。希望養成一項每天進行的習慣，卻把它堆疊於只在週一發生的習慣上，這就不是個好選擇。

爲習慣堆疊找出正確提示的方法之一，就是針對目前的一系列習慣進行腦力激盪。你可以把上一章介紹的習慣記分卡當成出發點，或者，你可以創造一張兩欄的表單，在第一欄寫下你每天必定會執行的習慣。例如：

- 起床
- 淋浴
- 刷牙
- 穿衣服
- 泡一杯咖啡
- 吃早餐
- 帶小孩上學
- 開始工作
- 吃午餐
- 結束工作
- 換掉上班的衣服
- 坐下來吃晚餐

■ 關燈

■ 上床睡覺

你的清單可能長多了，但你大概懂我的意思。而在第二欄，則寫下每天必定會發生的事。例如：

■ 太陽升起

■ 收到簡訊

■ 聽的歌曲播完

■ 太陽下山

有了這張清單，你就可以開始尋覓把新習慣安插進你的生活方式中的最佳位置。

當提示非常明確且馬上可以執行，習慣堆疊就能發揮最大效用。許多人選的提示太模糊，我自己也犯過這個錯。想要開始養成做伏地挺身的習慣時，我的習慣堆疊是：「午餐休息時，我會做十下伏地挺身。」乍看之下很合理，但我很快就發現這個提示不清楚——是吃午餐之前做伏地挺身嗎？還是吃完午餐後？要在哪裡做？有一搭沒一搭地做了幾天後，我把習慣堆疊修正爲：「當我闔上筆電、準備去吃午餐時，我會在書桌旁做十下伏地挺身。」從此不再模稜兩可。

「多閱讀」或「健康飲食」之類的習慣是有價值的目標，但這些目標沒有提供何時行動、如何行動的指示。要盡量明確、清楚：關上門之後、刷完牙之後、在桌前坐下之後。明確是很重要的，新習慣與明確的提示連結得愈緊，採取行動的時間到來時，你愈有可能注意到。

行爲改變的第一條法則，是「**讓提示顯而易見**」。想要創造顯而易見的提示，並爲何時何地採取行動做出清楚的計畫，執行意向與習慣堆疊是非常實用的策略。

本章總覽

- 行為改變的第一條法則，是「讓提示顯而易見」。
- 最常見的兩種提示是時間與地點。
- 可以運用執行意向這個策略，將新習慣與確切的時間和地點配對。
- 執行意向的公式是：我會於〔時間〕，在〔地點〕進行〔行為〕。

■ 習慣堆疊的公式是：做完〔目前的習慣〕之後，我會執行〔新的習慣〕。

❶有興趣的讀者可以上「圓神書活網」（www.booklife.com.tw）搜尋「原子習慣」這本書，進入單書網頁後，即可找到下載「執行意向範本」的連結。

❷除了付錢購買藏書，凱薩琳大帝請狄德羅幫她保管那些書，並每年支付薪水聘他擔任御用圖書館員。

❸佛格把這項策略稱為「微習慣食譜」，但我在本書中會稱其為「習慣堆疊公式」。

❹若要尋找更多範例與指引，可以上「圓神書活網」（www.booklife.com.tw）搜尋「原子習慣」這本書，進入單書網頁後，即可找到下載「習慣堆疊範本」的連結。

6 激勵被高估了，環境往往更重要

波士頓的麻省總醫院的醫生安妮・桑代克異想天開，她相信可以在完全不涉及意志力或激勵的狀況下，改善數千名醫院員工與訪客的飲食習慣。事實上，她根本不打算跟他們講話。

桑代克與同事設計了一項爲期六個月的研究，打算修改醫院自助餐廳的「選擇結構」，第一步是改變飲料的擺放方式。原本，餐廳結帳櫃檯旁的冰箱裡只有各種汽水，研究人員在每一部冰箱裡放進一個新選項：瓶裝水。另外，他們還在各個食物區旁擺放一籃一籃的瓶裝水。汽水還是擺在主要的冰箱裡，但現在**所有**飲料區都可以拿到瓶裝水。

接下來的三個月，醫院裡的汽水銷售量下降百分之十一・四，瓶裝水的銷售量則上升了百分之二十五・八。他們也對餐廳裡的食物做了類似的調整，並得到類似的結果。整個過程中，沒有人對那裡的用餐者說過一句話。

人們選擇某樣產品，往往不是因爲那樣產品**是什麼**，而是因爲產品**在哪裡**。如果走進廚房就看見一盤餅乾，我會抓起幾片開始吃，就算我先前根本沒有吃餅乾的念頭，而且也不覺得餓；若辦公室的共用桌上老是擺著甜甜圈和貝果，你就很容易三不五時拿一個起來嗑。**習慣改變取決於你身處的空間，以及眼前的提示。**

環境是一隻隱形的手，形塑人的行爲。儘管每個人的性格獨一無二，在某些環境條件下，特定行爲很容易一再出現。在教堂裡，人們會以耳語交談；在黑暗的街道上，人們警醒且時時防備。因此，最常

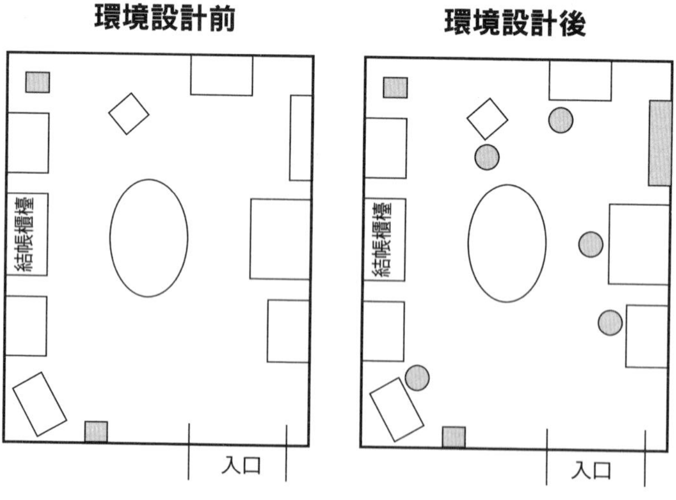

圖8：這兩張圖展現了醫院自助餐廳的環境設計改變之前（左）與之後（右）的狀態，深色區塊代表可以取得瓶裝水的地方。由於環境裡的瓶裝水數量增加，不需要額外的激勵，行為便自然改變。

見的改變形式並非內在的，而是外在的：我們被周圍的世界改變。每個習慣都取決於情境。

一九三六年，心理學家庫爾特．勒溫用一條簡單的方程式做出強力宣言：行爲是人與環境的函數。

過沒幾年，勒溫的方程式就被拿到商業中測試。一九五二年，經濟學家霍金斯．史騰如此描述他所謂的「建議性衝動購買」：「購物者第一次看到某樣產品，在腦中想像出對它的需求，就觸發了這種購物現象。」換言之，有時顧客購買產品，不是因爲**想要**，而是因爲這些產品被**呈現**的方式。

舉例來說，比起擺放在靠近地板處的商品，與視線等高的商品較容易售出。因此，你會發現店裡比較昂貴的品牌商品都放在容易伸手取得的位置，因爲它們能帶來最多利益；反之，比較便宜的選項多半被塞在很難拿到的地方。所謂的端架——賣場走道末端的貨架——也是如此。對零售商來說，端架是吸錢機器，因爲那裡是最顯眼的位置，能遇上大量人流，例如可口可樂就有百分之四十五的銷量來自各賣場走道末端的貨架。

產品或服務愈明顯且容易取得，你愈有可能去嘗試。我們喝百威啤酒，因爲每間酒吧都有；我們去星巴克，因爲每個街角都有。我們喜歡自認有掌控權，如果選擇水而不是汽水，我們認爲那是因爲自己想要。但事實上，我們每天的許多行爲都不是受有目的的動機和選擇影響，而是由最顯而易見的選項決定的。

每個生物都有各自感知與理解世界的方式。老鷹擁有非凡的遠距離視力，蛇能夠用高度敏感的舌頭「品嘗空氣」來嗅聞，鯊魚可以察覺周遭魚群在水中造成的細微電流與振動。就連細菌都有化學受體——用來偵測環境中有毒化學物質的微小感覺細胞。

而人類的感知受感覺神經系統引導。我們透過視覺、聽覺、嗅覺、味覺與觸覺感知世界，不過我們還有其他感受刺激的方法，有些是有意識的，但許多是無意識的。舉例來說，你可以在暴風雨來臨前注意到溫度下降、在腹痛時感覺到疼痛在肚子裡升起，或是走在崎嶇地面時察覺自己失去平衡。體內的受體可以注意到各式各樣的內在刺激，例如血液裡的鹽類含量，或是想喝水的渴。

然而，人類所有感覺能力中最強的一項，是**視覺**。人體擁有約一千一百萬個感覺受器，其中將近一千萬個獻給視覺。有些專家估計，大腦一半的資源都爲視覺所用。既然我們對視覺的依賴超過其他任何感官，可以合理推測：視覺提示是人類行爲最強的催化劑。因此，**所見**稍有不同，就可能造成**所為**的巨大變動。可以想見，讓生活與工作環境充滿可以提高生產力的提示，並消除會降低生產力的，有多麼重要。

幸好，在這方面有個好消息：你不必淪爲環境的受害者，而是可以成爲環境的構築者。

如何打造成功養成好習慣的環境

在一九七〇年代的石油危機中，荷蘭研究人員開始仔細觀察國內的能源使用狀況。在阿姆斯特丹的一個郊區，他們發現某些住戶使用的能源比鄰居少三成——儘管房子大小相仿，電價相同。

這些地區的房子幾乎一模一樣，除了一個地方：電表的位置。有些房子的電表裝設在地下室，有些安裝在樓上的走廊。你大概猜到了，把電表裝設在走廊的住家用的電比較少。當能源的使用顯而易見且便於追蹤，人們就會改變自己的行爲。

每個習慣都是被提示啓動的，而我們比較容易注意到突出的提示。不幸的是，我們生活與工作的環境往往讓我們比較容易**不作為**，因爲沒有明顯的提示去觸發那個行爲。吉他被塞在櫃子裡，就很容易**不**練吉他；書櫃擺在客房的角落，就很容易**不**閱讀；維他命放在食物櫃裡看不見，就很容易**不**吃維他命。當激發某個習慣的提示被隱藏起來或不顯眼，就很容易被忽視。

反之，**創造明顯的視覺提示**可以把你的注意力引至你想要的習慣。一九九〇年代初期，阿姆斯特丹史基浦機場的清潔團隊在每個小便斗裡貼了一張蒼蠅形狀的小貼紙，當男性站到小便斗前，顯然會瞄準這個他們認爲是隻小蟲子的東西。貼紙讓使用者比較好瞄準，大幅減少了亂噴在小便斗外的狀況。後續分析顯示，這些貼紙每年爲機場省下百分之八的廁所清潔費用。

我自己也在生活中體驗過顯眼提示的力量。我以前會去買蘋果回家，把它們放進冰箱底層的保鮮儲藏格裡，然後就拋諸腦後；等到想起來，蘋果都壞了。因爲沒看見，我就沒吃。

後來我聽從自己的意見，重新設計環境。我買了一只大碗，放在餐桌的正中央，下次買蘋果回來，就把它們放進那只碗裡——我可以清楚看見的開放空間。結果如同魔法般，單單因爲蘋果在視線之內，我就開始每天吃幾顆。

要重新設計環境，並讓觸發你想要的習慣的提示更爲明顯，可以嘗試下列幾個方法：

- 想要每天晚上記得吃藥，就把藥罐直接放在浴室洗手臺的水龍頭旁。
- 想要更常練習吉他，就把吉他立在客廳正中央。
- 想要記得寄送更多感謝函，就在書桌上擺放一組文具。

■想要多喝水，就每天早上把幾個瓶子裝滿水，分別放在家裡幾個你常待的地方。

想要讓習慣成為生活的一大部分，就讓提示成為環境的一大部分。持續最久的行爲往往擁有多種提示，想想有多少情況會刺激吸菸者掏出香菸：開車、看到朋友抽菸、上班時感受到壓力等等。

同樣的策略也能應用在好習慣上。在周遭設置各種觸發習慣的提示，一天之中想到該習慣的機率也隨之增升。務必讓最好的選擇變得最顯眼，當好習慣的提示就在你眼前，做出更好的決定就變得輕鬆自然。

環境設計的力量強大，不只因爲它影響了我們與世界互動的方式，也因爲我們很少這麼做，大部分人都活在別人爲他們創造的世界裡。但是，你可以更改生活與工作的空間，好讓自己多暴露於正面的提示中，同時減少接觸負面提示。環境設計讓你取回掌控權，成爲生活的建構者。不要只當你所處世界的顧客，也要成爲它的設計者。

情境是觸發習慣的提示

一開始，觸發某個習慣的提示可能是特定的，然而隨著時間過去，習慣可能不只跟單一提示聯想在一起，而是與圍繞著該行為的整個**情境**連結。

舉例來說，比起獨飲，許多人在社交場合喝的酒比較多。觸發這個行為的，很少是單一提示，而是整個情境：看著朋友點酒、聽見酒吧的音樂、看到龍頭扭開流出生啤酒。

我們會在心理上把習慣指派給發生的場域：家裡、辦公室、健身房。每個地點都會發展出與某些習慣和例行公事的連結。你與書桌上的東西、廚房流理臺上的物品、臥室裡的東西建立特定關係。

定義行為的並非環境中的物品，而是我們**與物品的關係**。事實上，這是個很有用的想法，能幫助我們思考環境對行為的影響。不要認為環境中充滿物品，要認為環境中充滿關係。請從你與周遭空間互動方式的角度來思考：對某個人來說，沙發是每天晚上閱讀一小時之處；對另一個人來說，沙發是下班後看電視配一碗冰淇淋的地方。不同的人對同一地點會有不同的回憶——因此有不同的習慣。

好消息是，你可以訓練自己把一個特定習慣與特定情境連結在一起。

在一項研究中，科學家請失眠者只在疲憊時上床；如果睡不著，就起來到另一個房間坐到想睡。時間一久，受試者開始把上床這個情境與睡眠連結，於是上床之後就比較容易快速進入夢鄉。他們的大腦知道睡覺——而不是滑手機、看電視或盯著時鐘——

是那個房間裡唯一會發生的事。

情境的力量也透露了一項重要策略：**在新環境中比較容易改變習慣。**這可以幫助你逃脫那些不易察覺、卻會把你推回現有習慣的提示。去一個新的地方——不同的咖啡廳、公園的長椅、房間裡鮮少用到的角落——然後在那裡創造一項新的例行公事。

比起在相互牴觸的提示中建立新習慣，把新習慣跟一個全新的情境連結在一起比較容易。如果你每晚都在臥室看電視，想要早點就寢可能很難；如果客廳是你打電動的地方，想要在那裡專心讀書可能很難。但是，步出平常的環境，你就把那些行為偏誤拋在腦後了。你不必對抗舊環境裡的提示，新習慣的形成也就不受干擾了。

想要讓思考更有創意？移駕到比較大的房間、頂樓的露臺，或是格局寬敞的建築。暫時逃離日常工作之處，因爲那個空間也跟你現在的思考模式連結在一起。

試圖讓飲食更健康？在平常去的超市，你很可能不假思索地購物。嘗試去一間新的雜貨店吧，當你的大腦不知道那些不健康的食物放在哪裡，你可能會發現抗拒那些食物變得比較簡單。

倘若無法移動到全新的環境，就重新定義或重新整理當前的環境，爲工作、讀書、運動、娛樂與烹飪區隔出不同的空間。我個人覺得很有用的一句口號是：「一個空間，一個用途。」

創業初期，我常常在沙發或廚房餐桌上工作；到了晚上，我發現很難讓自己下班，在工作時間結束與私人時間開始之間沒有明確的分野。廚房餐桌到底是我的辦公桌，還是用餐之處？沙發是我放鬆的地方，還是寄送電郵之處？所有事情都在同一個空間裡發生。

幾年後，我終於有錢搬到比較大的房子，可以把一個房間獨立出來當辦公室。突然間，工作是一件「在這裡」發生的事，而私人生活是一件「在那裡」發生的事了。當工作與居家生活之間有了一條明確的界線，我就比較容易關掉大腦的上班模式。每個房間都有一個主要用途，廚房用來煮飯，辦公室用來工作。

如果可以，**盡量避免把一個習慣的情境跟另一個習慣的情境混在一起。**當情境混合，習慣也會開始混合在一起——到頭來，獲勝的通常是比較輕鬆的一方。正因如此，現代科技的多功能既是優點，也是缺點。你可以用手機做各式各樣的事，這讓手機成了強大的工具；然而，當手機幾乎無所不能，就很難把它跟某項特定任務連結在一起。你想要提高生產力，但只要拿起手機，自然而然會瀏覽社群媒體、查看電子郵件，或是打手遊，這讓它成了提示的大雜燴。

你可能會想：「你不懂。我住在紐約市，我的公寓沒有比智慧手機大上多少，每個房間都必須扮演多重角色。」言之有理。假如空間有限，就把空間分割成活動區塊：

閱讀專用的椅子、寫作專用的書桌、進食專用的餐桌。電子空間也一樣。我認識一個作家，他的電腦只用來寫作，平板只用來閱讀，手機只用來上社群媒體與收發訊息。每個習慣都應該有個自己的家。

若能堅守這項策略，每個情境都會與一個特定的習慣及思考模式連結在一起，習慣會在這種可預測的環境裡蓬勃發展。當你坐在工作專用的書桌前，專注力會不請自來；當你處於專為娛樂設計的空間，會比較容易放鬆身心；當睡眠是臥室裡唯一會發生的事，你就會很容易入睡。想要讓行為變得穩定且可預測，就需要穩定且可預測的環境。

一個凡事各安其位、各司其職的穩定環境，就是可以輕鬆養成習慣的環境。

本章總覽

- 隨著時間過去，情境的小改變可能造成行為的大變化。
- 每個習慣都是被提示觸發的。我們比較容易注意到突出的提示。
- 讓環境裡可以觸發好習慣的提示顯而易見。

■ 漸漸地，你的習慣不是與單一提示聯想在一起，而是與圍繞著該行為的整個情境連結。情境成了提示。

■ 在新的環境養成新的習慣比較簡單，因為不用對抗舊提示。

7 自制力的祕密

一九七一年，當越戰進入第十六個年頭，來自康乃狄克州的美國國會議員羅伯特·斯蒂爾與來自伊利諾州的摩根·墨菲發現了一件震驚全美的事：去探訪部隊時，他們得知駐紮於當地的美軍中有百分之十五的人對海洛因上癮。後續研究則顯示，在越南服役的軍人裡，百分之三十五的人試過海洛因，還有高達百分之二十的人吸食成癮——情況比他們原本想得嚴重。

這項發現在華府引起一陣騷動，諸多措施紛紛出爐，包括成立尼克森總統轄下的預防藥物濫用特別行動辦公室，用以推廣預防與勒戒，並追蹤毒癮士兵歸鄉後的狀況。

李·羅賓斯是帶頭的研究人員之一。在一份完全顛覆毒品成癮既定想法的調查結果中，羅賓斯發現，吸食海洛因的士兵回家後，只有百分之五的人在一年內再度上癮；就算過了三年，也只有百分之十二的人故態復萌。換句話說，十個在越南吸食海洛因的士兵，大概有九個在一夕之間滅除了毒癮。

這項發現與當時盛行的觀點相悖，海洛因成癮原本被視爲永久且不可逆轉的。結果，羅賓斯卻發現，只要身處的環境徹底轉變，上癮狀況便自然消散。待在越南時，士兵們整天都被激發海洛因吸食的提示圍繞：毒品很容易取得、他們被持續的戰爭壓力吞噬、他們結交了同樣吸食海洛因的士兵、他們離家數千里。然而，一旦重新踏上美國國土，他們就會發現自己身處的環境全無這些提示。情境一變，習慣也跟著不同。

把越戰士兵的狀況與一般毒癮者做個比較。某人在家裡或跟朋友一起染上毒癮，去診所戒毒（那裡沒有刺激吸毒習慣的環境誘因），然後又回到本來住的地方，那裡充斥著一開始讓他們染上毒癮的提示，難怪表現出來的數據會跟越戰士兵毒癮研究相反——從勒戒所回家後，通常百分之九十的人會再度染上毒癮。

越戰士兵的研究與許多關於惡習的文化信念相違背，因爲它挑戰了把不健康的習慣視作道德缺失的傳統觀點。如果你體重過重、吸菸，或是有毒癮，一輩子都會有人說那是因爲你缺乏自制力——甚至說你是個不好的人。一點自制力就能解決所有問題，這個觀念在我們的文化中根深柢固。

然而，最近的研究卻有不同結果。分析自我控制力強大的人之後，科學家發現他們跟那些苦苦掙扎的人其實沒有太大不同；相反地，所謂「自律者」只是擅長建構生活，好讓自己**不需要**展現超凡的意志力與自我控制力。換言之，他們不常讓自己處於充滿誘惑的情境。

最有自制力的，通常是最少用到自制力的人。當你不需要常常動用自制力，就比較容易自我克制。所以，沒錯，堅持、恆毅力與意志力都是成功的必要條件，但強化這些特質的方式並非祈求自己成爲一個更有紀律的人，而是打造一個更有紀律的環境。

一旦了解習慣在大腦形成時發生了什麼，這個反直覺的概念就會更合理了。被建立在腦袋裡的習慣等著合適的情境發生，隨時準備好被取用。來自德州奧斯汀的治療師派蒂・歐威爾開始抽菸時，常常在跟朋友一起騎馬的時候點菸；後來她戒菸了，並成功維持了好些年。此外，她也不再騎馬了。幾十年後，某次跳上馬背，她發現自己這麼久以來第一次想要來一根菸。被內化的提示仍然存在，她只是很久沒有讓自己暴露在提示之中。

習慣一旦建立，只要環境裡的提示再度出現，行動的渴望便隨之而來。這也是行爲改變技巧可能反咬一口的原因之一。用減重簡報轟炸肥胖的人會給他們帶來壓力，結果就是，很多人會重拾最愛的因應策略：過度飲食；讓吸菸者看焦黑肺部的照片會帶來更大的焦慮，迫使許多人伸手拿菸。如果沒有謹慎處理提示，反而可能觸發你想要停止的行爲。

惡習是自我催化的：過程會餵養自身。壞習慣促進了它試圖麻痺的感覺。覺得難受，於是吃垃圾食物；吃了垃圾食物，又感覺不好。看電視讓你覺得提不起勁，於是你又因爲沒有力氣做別的事而看更多電視。擔心自己的健康狀況讓你感到焦慮，所以你藉由抽菸來舒緩焦慮，而抽菸讓健康狀況變得更差，於是你更加焦慮。這是一個向下的螺旋，一輛壞習慣的失控列車。

研究人員將此現象稱爲「提示引起的想望」：一個外在刺激造成了一股想要重複惡習的強迫性渴望。一旦**注意到**某件事，你就開始**想要**。這個過程無時無刻不在發生，且往往在我們不知情的狀況下。科學家發現，讓毒癮者看古柯鹼的照片三十三毫秒，就足以刺激腦中的獎賞路徑，進而激發欲望。速度快到讓大腦都來不及辨識——毒癮者甚至無法說出自己看見什麼，但他們一樣渴望毒品。

結論就是：你可以破除一項習慣，但不太可能忘掉它。習慣的心理紋路一旦被刻進你的大腦，幾乎不可能將之完全移除——就算多年沒被取用。這表示單單抗拒誘惑是無效策略。在充滿干擾的生活裡，很難維持禪心態，要耗費的心力太多了。短期內，你可以用意志力壓過誘惑；長久下來，我們終歸是所處環境的產物。直白地說，我不曾看過有誰可以在負面環境裡一直保持正面習慣。

比較可靠的做法，是從惡習的根源下手。要剷除一項壞習慣，最實用的方法之一就是**減少接觸會激發此惡習的提示**。

■似乎總是無法把一件工作好好做完，就把手機留在另一個房間幾個小時。

■總是覺得自己不夠好，就停止追蹤會激發嫉妒心理的社群帳號。

■浪費太多時間看電視，就把電視搬出臥房。

■花太多錢買電子產品，就不要再看介紹最新科技商品的文章。

■打太多電動，每次使用後就將插頭拔掉，把主機收到櫃子裡。

這個做法是行爲改變第一條法則的反轉：讓提示**隱而不現**，而非**顯而易見**。如此簡單的改變帶來的巨大效果，常常令我很驚訝。移除一個提示，整個習慣往往就會逐漸消失。

自制力是一種短期策略，不適用於長期。你也許可以抵抗誘惑一次或兩次，但不太可能每次都讓意志力凌駕欲望。與其在每次想要做正確的事情時都鼓起意志力，不如把能量用來優化所處的環境。這就是自制力的祕密：**讓好習慣的提示顯而易見，讓壞習慣的提示隱而不現。**

本章總覽

- 行為改變第一法則的反轉，就是「讓提示隱而不現」。
- 習慣一旦形成，就很難被遺忘。
- 有高度自制力的人不常待在充滿誘惑的環境裡。迴避誘惑比抗拒誘惑簡單。
- 要剷除一項壞習慣，最實用的方法之一就是減少接觸會激發此惡習的提示。
- 自制力是一種短期策略，不適用於長期。

如何建立好習慣

法則 1	**讓提示顯而易見**
1.1	填寫習慣記分卡。寫下目前的習慣，好讓自己察覺它們。
1.2	運用執行意向：「我會於〔時間〕，在〔地點〕進行〔行為〕。」
1.3	運用習慣堆疊：「做完〔目前的習慣〕之後，我會執行〔新的習慣〕。」
1.4	設計所處的環境，讓好習慣的提示顯而易見。
法則 2	**讓習慣有吸引力**
法則 3	**讓行動輕而易舉**
法則 4	**讓獎賞令人滿足**

如何戒除壞習慣

法則 1 的反轉	讓提示隱而不現
1.5	減少接觸，把壞習慣的提示從所處的環境中移除。
法則 2 的反轉	讓習慣毫無吸引力
法則 3 的反轉	讓行動困難無比
法則 4 的反轉	讓後果令人不滿

法則2

讓習慣有吸引力

8 如何讓習慣變得難以抗拒

一九四〇年代，荷蘭科學家尼可拉斯·丁伯根以一系列實驗改變我們對動機的理解。後來獲得諾貝爾獎的丁伯根調查了黑脊鷗，一種經常翱翔於北美洲海岸的灰白色的鳥。

黑脊鷗成鳥的喙上有個小紅點，丁伯根發現剛孵化的雛鳥想要食物時就會啄那顆紅點。實驗的第一步是用硬紙板做出一組假喙，只有鳥頭，沒有身體。等雛鳥的父母親飛走，他就靠近鳥巢，把假喙拿到雛鳥眼前。這些鳥嘴一看就是假的，他本來以爲雛鳥會置之不理。

然而，當小黑脊鷗看到這些假喙上的紅點，依舊猛啄，彷彿那是母親的喙。牠們對紅點有明顯的偏好，彷彿出生前就在基因裡設定好的一般。丁伯根很快發現，紅點愈大，雛鳥啄的速度愈快。最後，他做了一具假喙，上面有三個特大的紅點。當他把這具特製假喙放到鳥巢旁，雛鳥們樂瘋了，狂啄那些紅點，彷彿這是世上最棒的鳥喙。

丁伯根與同事在其他動物身上也發現類似的行爲。舉例來說，灰雁會把巢築在地上，而有時當鳥媽媽在巢附近移動，某顆蛋會滾到附近的草地上。遇到這種狀況，灰雁就會搖搖擺擺地走過去，用嘴巴和脖子把蛋拖回巢裡。

丁伯根發現，灰雁會去拖附近的**任何**球狀物，例如撞球或燈泡。球狀物愈大，牠們的反應愈大，其中一隻灰雁還費盡全力把一顆排球滾回巢裡，然後坐在上面。跟自動啄紅點的黑脊鷗雛鳥一樣，灰雁也遵循自己的本能規則：看見附近有球狀物，我一定要把它拖回巢裡。球狀物愈大，我愈要努力去取得。

每種動物的大腦都彷彿預先裝載了某種行爲準則，一旦遇上該準則的誇大版，大腦就會像聖誕樹裝飾一樣亮起來。科學家把這些誇大的提示稱爲「超常刺激」。超常刺激是現實的強化版——例如有三個紅點的鳥喙，或是跟排球一樣大的蛋——會引發比平常更強烈的反應。

人類也很容易對現實的誇大版本信以爲眞。舉例來說，垃圾食物會讓我們的獎賞系統發狂，因爲花了數十萬年在荒野中狩獵與採集食物之後，人類的大腦演化爲格外重視鹽分、糖分與脂肪。這些具有高密度卡路里的食物在我們祖先生活的大草原上非常罕見，在不確定下一餐有沒有著落時，盡可能多吃是絕佳的生存策略。

然而，今天我們生活在充滿卡路里的環境，食物已然充足，但你的大腦依舊渴望卡路里，彷彿它很稀有。重視鹽分、糖分與脂肪不再對健康有益，但渴望持續存在，因爲人腦的獎賞中樞已經大概五萬年沒變了。現代的食品工業致力於將人類的舊石器時代本能延伸到演化目的之外。

食品科學的主要目標之一，就是創造出更能吸引消費者的產品。幾乎任何袋裝、盒裝或罐裝的食品都經過某種方式的強化，就算只是添加一種口味。企業砸下數百萬美元找出洋芋片最讓人滿意的脆度，或是汽水最理想的氣泡量，投入整個部門之力，就爲了讓產品在你嘴裡的感覺——也就是所謂的口感——最佳化。舉例來說，薯條就是很強大的組合——外表金黃酥脆，內裡細緻柔滑。

其他加工食品提高了動態對比，也就是讓商品具有混合的感官刺激，例如又酥脆又柔滑。想像一下，黏稠的起司融化在披薩的脆皮上，或是具有柔滑夾心的香脆奧利奧餅乾。吃未加工的自然食物，你往往是反覆體驗同樣的感官刺激——第十七口羽衣甘藍的口感如何？幾分鐘後，大腦便失去興趣，飽足感升起；相反地，充滿動態對比的食物讓吃東西的體驗保持新鮮有趣，鼓勵你繼續進食。

最終，這樣的策略促使食品科學家找出每種產品的「極樂點」——鹽分、糖分與脂肪的精確組合，好令大腦興奮，讓你一直回頭購買。當然，結果就是你吃得太多，因爲超美味食物對人的大腦更有吸引力。如同專攻飲食行爲與肥胖的神經學家史蒂芬．基爾內所言：「我們變得太擅長按自己的按鈕。」

現代食品工業及其造成的飲食過量習慣，恰恰驗證了行爲改變的第二條法則：**讓習慣有吸引力**。一個機會愈有吸引力，形成習慣的可能性愈大。

看看周遭，整個社會充斥著高度設計過的現實，遠比我們祖先生活的世界吸引人。店家爲了促銷衣服，擺上胸臀誇大的假人；在社群媒體上，用不了幾分鐘，你得到的「讚」就比在家裡或辦公室得到的多；線上A片以現實生活中不可能複製的速率把挑逗畫面剪接在一起；廣告結合了完美的燈光、專業的化妝與修圖技巧──連模特兒都被修到跟本人不像。這些就是現代世界的超常刺激，它們把原本吸引我們的特色誇張化，讓我們的本能發狂，迫使我們養成過度購物、過度上社群媒體、過度看A片、過度飲食與其他許多習慣。

如果以歷史作爲指引，未來的種種機會將比現在的更有吸引力。獎賞變得更濃縮，刺激變得更誘人，此乃大勢所趨。比起天然食物，垃圾食物是卡路里的濃縮型態；比起啤酒，烈酒是酒精的濃縮型態；比起桌遊，電玩是娛樂的濃縮型態。相較於自然，這些塞滿愉悅感的經驗難以抗拒。我們有著祖先的大腦，卻必須對抗他們不曾面對的誘惑。

若想要增加某個行爲發生的機率，就必須使其有吸引力。討論第二條法則的整個過程中，我們的目標就是學會讓習慣變得難以抗拒。雖然不可能把每個習慣都變成超常刺激，我們可以讓任何習慣變得更誘人。爲此，我們必須先了解渴望的本質與運作方式。第一步是檢視所有習慣共有的生物特徵——多巴胺峰值。

多巴胺驅動的回饋迴路

藉由測量一種叫多巴胺❶的神經傳導物質，科學家能夠追蹤一份渴望發生的確切時刻。多巴胺的重要性在一九五四年爲人所知，因爲神經學家詹姆斯·奧茲與彼得·米爾納透過一項實驗，揭露渴求與欲望背後的神經學過程。研究人員在老鼠的腦中植入電極，阻斷多巴胺的分泌，而讓科學家吃驚的是，這些老鼠失去了所有生存意志。牠們不進食、不性交、不渴望任何東西，幾天後，這些老鼠就渴死了。

後續的研究中，其他科學家也抑制了老鼠大腦中分泌多巴胺的區域，但這一次，他們在這些缺乏多巴胺的老鼠嘴裡滴了幾滴糖水。嘗到美味的東西，小老鼠的臉被愉悅的笑容點亮。縱使多巴胺被阻斷，牠們還是跟以前一樣**喜歡**糖，只是不再**想要**了。體驗愉悅的能力仍在，但少了多巴胺，欲望就死了；而一旦沒有欲望，行爲便停止了。

當其他研究人員反轉這個過程，讓多巴胺充滿大腦的獎賞系統時，動物以極快的速度將習慣表現出來。在一項研究中，老鼠每次把鼻子伸進一個箱子裡，就會接收到一波強大的多巴胺；幾分鐘後，這些老鼠發展出超猛烈的欲望，每小時把鼻子伸進箱子裡八百次（人類也沒什麼差別，吃角子老虎機的玩家平均一小時啓動轉盤六百次）。習慣就是多巴胺驅動的回饋迴路。極度容易養成習慣的行爲——吸毒、吃垃圾食物、打電動、瀏覽社群媒體——都與較高濃度的多巴胺有關。同樣的道理亦適用於我們最基本的習慣行爲，像是飲食、喝水、性交及社交。

多年來，科學家都假定多巴胺只與愉悅有關，但現在我們知道，多巴胺在動機、學習與記憶、懲罰與厭惡，以及自發行爲等許多神經學過程中都扮演核心角色。

論及習慣，關鍵重點是：大腦不只在你**體驗**愉悅時分泌多巴胺，**預期**愉悅時也會。賭博上癮者的多巴胺峰值出現在下注**之前**，而非贏錢之後；古柯鹼上癮者在**看見**那些粉末時多巴胺激增，而非吸食之後。當你預期某個機會將帶來獎賞，多巴胺濃度就會因期待而升高；當多巴胺增加，行爲的動機也隨之提升。

讓我們採取行動的，是對獎賞的預期，而非獎賞的實現。

有趣的是，**接收**獎賞時大腦裡被啓動的獎賞系統，跟**預期**獎賞時被啓動的系統是同一個。期待某個經驗的感覺往往比獲得那個經驗更好，這便是原因之一。小時候，想著聖誕節早晨這件事可能比實際拆禮物還開心；長大後，幻想即將到來的假期可能比實際度假更享受。科學家說，這便是「想要」與「喜歡」的差異。

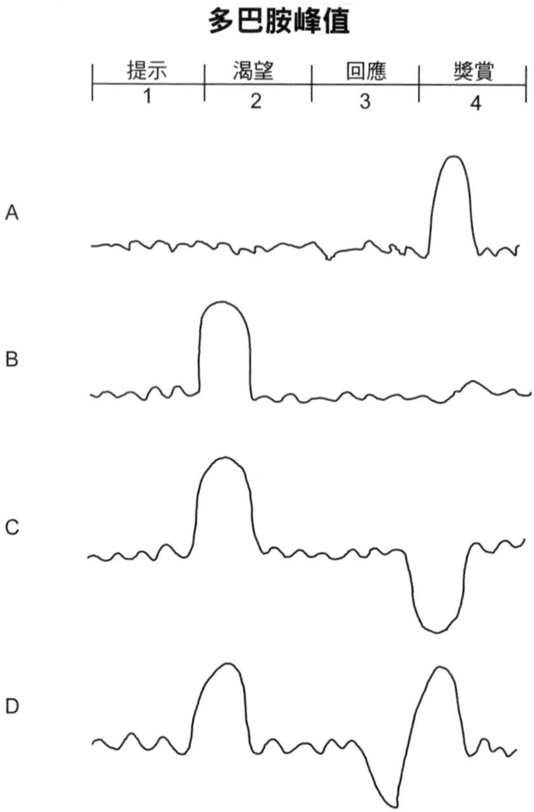

圖9：學會一項習慣之前（A），多巴胺會在首次體驗到獎賞時分泌。下一次（B），多巴胺會在採取行動之前升高，就在提示被辨認出來之後；只要認出提示，這個多巴胺峰值就會帶來採取行動的渴望。而一旦學會習慣，多巴胺便不會在體驗到獎賞時升高，因為你已經預期會有獎賞；然而，若你看到提示且預期會有獎賞，卻沒能得到獎賞，多巴胺就會因失望而下降（C）。當獎賞遲來時，可以清楚看見多巴胺回應的敏感性（D）。首先，提示被認出，多巴胺隨著渴望成立而升高；接著，你做出回應，但獎賞出現的速度不如預期，於是多巴胺開始下降；最後，當獎賞比你之前期望的時間晚一點到來，多巴胺再次達到峰值。大腦彷彿在說：「看吧！我就知道我是對的。下次別忘了重複這個行為。」

你的大腦分配給**想要**獎賞的神經迴路，遠比分配給**喜歡**獎賞的要多。大腦裡掌管「想要」的中心很大：腦幹、依核、腹側被蓋區、背側紋狀體、杏仁核，以及前額葉皮質的某些部分。相較之下，掌管「喜歡」的中心小多了。它們通常被稱爲「快樂熱點」，像島嶼般散落於大腦各處。舉例來說，研究人員發現，在「想要」的過程中，依核百分之百被啓動；但在「喜歡」時，僅有百分之十的依核被活化。

大腦把這麼多珍貴的空間分配給掌管渴望的區域，更證明了這個過程的重要性。欲望是驅動行爲的引擎，每個行爲都因爲行動前的預期而發生。正因爲有了渴望，才有回應。

這些洞見揭示了行爲改變第二法則的重要性。我們必須讓習慣變得有吸引力，因爲一開始激勵我們採取行動的，是對獎賞的預期。此時，就輪到被稱爲「**誘惑綑綁**」的策略登場了。

如何運用誘惑綑綁，讓習慣更有吸引力

愛爾蘭都柏林的一名電機系學生羅南·拜恩很愛看Netflix，但他也明白自己的運動量不足。於是，拜恩運用自己的電機專長改造了健身自行車，把它連上筆電與電視。他

寫了一條程式，讓Netflix只在健身自行車被踩到一定速度時才能播放；只要踩踏的速度慢下來太久，他正在觀賞的節目就會暫停，直到他重新加速踩踏。有一位粉絲形容拜恩「用追劇幹掉肥胖」。

拜恩就是利用誘惑綑綁，讓運動習慣變得比較有吸引力。誘惑綑綁的運作方式，就是把想要做的事跟必須做的事綁在一起。以拜恩爲例，他把看Netflix（想要做的事）跟踩健身自行車（必須做的事）綁在一起了。

企業更是運用誘惑綑綁的個中好手。舉個例子，通常被稱爲ＡＢＣ電視臺的美國廣播公司在推出二〇一四到二〇一五年的週四晚間電視節目時，就進行了大規模的誘惑綑綁。

每週四，這家公司會播出三部由編劇珊達．萊姆斯寫的影集——《實習醫生》《醜聞》及《謀殺入門課》。電視臺將此行銷爲「ＡＢＣ的ＴＧＩＴ」（ＴＧＩＴ指的是Thank God It's Thursday，「感謝老天，今天是星期四了」）。除了宣傳節目，ＡＢＣ也鼓勵觀眾準備好爆米花，配著紅酒，享受週四夜晚。

ＡＢＣ的節目總監安德魯．庫比茲如此描述這個宣傳活動背後的想法：「我們認爲週四晚上是提高收視率的機會，無論夫妻或單身女子都想要坐下來逃離現實，喝紅酒配爆米花，找點樂子。」此策略的妙處在於把ＡＢＣ**需要**觀眾做的事（看他們的節目），跟觀眾本來就**想要**從事的活動（放鬆、喝酒、吃爆米花）連結起來。

時間一久，人們開始把看ABC的節目跟放鬆和娛樂的感覺連結在一起。假如你每週四晚上八點都會喝紅酒配爆米花，那麼到最後，「週四晚上八點」就**代表**放鬆和娛樂。獎賞與提示產生連結，打開電視這個習慣於是變得更有吸引力。

如果可以同時做自己最愛的某件事，你就更有可能覺得某個行為有吸引力。也許你想要知道最新的名人八卦，但又需要鍛鍊身材，那麼你可以運用誘惑綑綁，讓自己只能在健身房讀八卦報、看實境秀；也許你想要修腳趾甲，但又必須清空電子郵件的收件夾，那麼解決之道就是：只在處理延誤的工作郵件時才修腳趾甲。

誘惑綑綁是心理學理論「普氏原則」的一種應用。以大衛．普墨克教授的姓氏為名的這個原則認為「較高可能性的行為會強化較低可能性的行為」；換句話說，就算你不是真的想要處理延誤的工作郵件，如果它意味著你可以在過程中做某件你真正想做的事，你就會訓練自己去做。

你甚至可以結合誘惑綑綁與第五章提到的習慣堆疊，創造出一組引導行為的規則。

習慣堆疊加誘惑綑綁的公式如下：

1.做完〔目前的習慣〕之後，我會執行〔我需要的習慣〕。
2.做完〔我需要的習慣〕之後，我會執行〔我想要的習慣〕。

假如你想要閱讀新聞，但又需要多表達感恩之情：

1.早上喝完咖啡之後，我會說出一件昨天讓我心懷感恩的事（需要）。
2.說出一件讓我心懷感恩的事之後，我會閱讀新聞（想要）。

假如你想要看體育節目，但又需要打業務拜訪電話：

1.午休回來之後，我會打電話給三個潛在客戶（需要）。
2.打電話給三個潛在客戶之後，我會打開ESPN頻道（想要）。

假如你想要瀏覽臉書，但又需要多運動：

1.拿出手機之後，我會做十下波比跳（需要）。

2.做完十下波比跳之後，我會瀏覽臉書動態（想要）。

希望到最後你會開始期待打業務拜訪電話，或是做波比跳，因爲那代表你可以知道最新的體育消息，或是瀏覽臉書動態。做需要做的事，代表可以做想要做的事。

本章一開始，我們討論了超常刺激，也就是可以增加行動欲望的強化版現實。而透過連結本來就想要做的事，誘惑綑綁可以創造出任何習慣的強化版。設計出眞正難以抗拒的習慣是一項困難的任務，但誘惑綑綁這個簡單的策略幾乎可以讓任何習慣變得比原本更有吸引力。

本章總覽

- 行為改變第二法則，是「讓習慣有吸引力」。
- 一個機會愈有吸引力，愈有可能形成習慣。
- 習慣是多巴胺驅動的回饋迴路。多巴胺升高，行為的動機也隨之提升。
- 讓我們採取行動的，是對獎賞的預期，而非獎賞的實現。期待愈大，多巴胺峰值愈高。

■ 誘惑綑綁是讓習慣更有吸引力的一種方法，這個策略是將「想要」的行為與「需要」的行為配對。

❶多巴胺並非影響習慣的唯一化學物質。每個行為都牽涉到多個大腦區域與神經化學物質，而任何宣稱「習慣只跟多巴胺有關」的人都略過了這個過程的許多重要部分。多巴胺只是習慣養成的要角之一。然而，我之所以在本章專挑多巴胺迴路出來探討，是因為它讓我們得以一窺每個習慣背後的欲望、渴求及動機的生物學基礎。

9
家人與朋友如何形塑你的習慣

一九六五年，匈牙利人拉茲洛．波爾賈寫了一系列奇怪的信給一位名叫克拉拉的女人。

拉茲洛深信努力的價値；事實上，那是他唯一相信的東西：他徹底否定天生才能的概念。他主張，透過刻意練習與培養良好的習慣，孩子可以在任何領域成爲天才。他的格言是：「天才不是生出來的，而是教育與訓練出來的。」

拉茲洛的信念強烈到令他想要以自己的小孩測試——他寫信給克拉拉說他「需要願意一起登上這艘船的妻子」。身爲教師的克拉拉雖不如拉茲洛堅決，卻也相信適切的指導可以讓任何人增進技能。

拉茲洛覺得西洋棋會是個合適的實驗領域，於是擬出一項把孩子養育成西洋棋神童的計畫：他的孩子會在家自學，這在當時的匈牙利很罕見；家裡會擺滿西洋棋相關書籍及知名棋士的照片，而孩子們會時常跟彼此對弈，並且盡可能參加最高階的賽事；針對小孩在賽事裡遇上的所有對手，他們會歸納出最詳盡的檔案。他們將把自己的人生都奉獻給西洋棋。

拉茲洛成功追到克拉拉。幾年之內，兩人生下三個女兒：蘇珊、蘇菲亞與茱蒂。長女蘇珊四歲開始下棋。六個月後，她就在棋盤上擊敗成人。

次女蘇菲亞更厲害。年僅十四歲就成爲世界冠軍的她，在幾年後取得特級大師的頭銜。

么女茱蒂是三人之中最優秀的。她在五歲時擊敗自己的父親，十二歲時成爲史上最年輕名列世界一百強的棋士，接著又以十五歲四個月的年紀成爲史上最年輕的西洋棋特級大師——比之前的世界紀錄保持人鮑比．費雪更年輕。她以世界排名第一的西洋棋女棋士之姿統治棋壇長達二十七年。

再怎麼保守地說，波爾賈姊妹的童年都算不上正常。但是如果問她們，她們會說自己的生活方式不乏吸引力，甚至很令人享受。在媒體的訪問中，波爾賈姊妹說自己的童年有趣好玩，並不會令她們感到筋疲力竭。她們熱愛西洋棋，下再多都不夠。據報導，拉茲洛曾經發現蘇菲亞半夜躲在浴室下棋，便趕女兒回房睡覺：「蘇菲亞，放下棋子！」蘇菲亞答道：「爸爸，是它們不肯放下我啊！」

波爾賈姊妹在以西洋棋爲絕對優先的文化中成長——因爲西洋棋而受到誇獎，因爲西洋棋而獲得獎賞。在她們的世界裡，著迷於西洋棋很正常。而我們接下來就會發現，在所處文化中被視作常態的習慣，就是最具吸引力的行爲。

社會常規的誘人拉力

人類是群居動物。我們想要融入群體，想與他人建立關係，想要贏得同儕的尊敬與肯定。對生存來說，這種傾向是必要的。在人類演化歷史的多數時間裡，我們的祖先都生活在部落中，而與部落分離——或者更糟，被部落放逐——等同死刑。「孤狼必亡，群狼得生。」❶

相較之下，與他人合作並建立關係的人享有更好的人身安全、交配機會，也更容易取得資源。如同達爾文指出的：「在人類漫長的歷史中，學會合作且最能臨機應變的人總會取得優勢。」因此，「歸屬」成了人類最深的欲望之一，而這個遠古的偏好對現代人的行爲仍有強大的影響力。

我們最早的習慣並非來自選擇，而是模仿。家人與朋友、教會或學校、本地社群與整個社會把劇本傳給我們，我們照著演出。每個文化與群體都有各自的期待與標準——該不該結婚、該何時結婚、該生幾個小孩、該慶祝哪些節日、該花多少錢舉辦小孩的生日派對。這些社會規範在很多方面都是引導你日常行爲的隱形規則，縱然不是隨時都在想，你總是把它們放在心底。你往往自然而然地遵循所處文化的習慣，不假思索，不去質疑，有時甚至根本不記得。如同法國哲人蒙田所寫的：「在生活中，我們被社會的風俗與習慣橫掃。」

多數時間裡，隨波逐流不會讓人覺得有負擔。每個人都想要有歸屬感。如果你成長於一個以西洋棋技巧論功行賞的家庭，下西洋棋似乎就是很有吸引力的事；如果工作場合裡每個人都穿高級西裝，你很有可能也會砸錢購入一套；假如所有的朋友都在玩一個只有他們懂的哏或使用一個新詞，你也會想要這麼做，好讓他們知道你「很了」。能幫助我們融入群體的行爲就有吸引力。

我們尤其會模仿三種群體的習慣：

1. 親近的人
2. 多數的人
3. 有力的人

每個群體都提供了運用行爲改變第二法則的機會，讓習慣更有吸引力。

1. 模仿親近的人

接近程度對行爲有強大的影響。如同我們在第六章所見，這適用於物理上的環境，但在社會環境上也一樣適用。

我們從周遭的人身上學得習慣。我們效法父母處理爭端的方式、同儕打情罵俏的方式、同事遂其所願的方式；看到朋友吸大麻，你也會試一試；要是妻子睡前會檢查門有沒有確實鎖上，你也會養成這個習慣。

我發現自己常常在不自覺的狀況下模仿身邊人們的行爲。對話時，我會自動擺出跟對方相同的姿勢；念大學時，我跟室友有著一樣的說話方式；到別的國家旅遊時，儘管提醒自己不要這麼做，我依然會無意識地模仿當地口音。

一般來說，跟某人愈親近，愈有可能仿效對方的某些習慣。一項開創性的研究持續追蹤一萬兩千人長達三十二年，發現「若一個人身邊有個朋友變胖，那個人變得肥胖的機率會提高百分之五十七」；反之亦然，另一項研究發現，夫妻或情侶間的某一方變瘦，另一方也有三分之一的機率跟著變瘦。家人與朋友提供某種隱形的同儕壓力，把我們往他們的方向拉過去。

當然，同儕壓力不見得不好，除非你身邊都是壞朋友。太空人麥克·馬西米諾在麻省理工學院讀研究所時，選修了一門小班制的機器人學。班上十個學生裡，有**四個**後來成為太空人。假如你的目標是上太空，那間教室大概是地表上能提供你最佳文化的所在。同樣地，一項研究發現：十一或十二歲時最好的朋友智商愈高，你到了十五歲時智商也會愈高。我們會吸收周遭人們的特質與習慣。

要打造更好的習慣，最有效的方法之一就是加入一個把你想要的行為視作常態的文化之中。當你看到其他人每天都在做，新習慣便顯得可行。如果你被健美的人圍繞，就更有可能把健身視為尋常的習慣；如果你被爵士樂愛好者圍繞，就更有可能相信每天演奏爵士樂很合理。所處的文化決定了你對何謂「正常」的期待。讓身邊圍繞著擁有你想要的習慣的人，你們將一起成長。

為了讓習慣更有吸引力，你可以更進一步執行這項策略。

你加入的文化應該具備兩個特點：一，你想要的行為是常態；二，你跟這個群體本來就有某些共同點。

紐約市的企業家史帝夫・坎姆經營一家叫「書呆子健身網」的公司，其宗旨是「幫助書呆子、格格不入者及怪咖瘦身，並且變得強壯、健康」，他的顧客包括想要練出好身材的電玩愛好者、電影狂，以及再平凡不過的普通人。許多人第一次進健身房或嘗試改變飲食，都會覺得不自在，但如果你本來就跟群體中的人有相似之處——例如你們都熱愛《星際大戰》——改變就會更有吸引力，因為跟你一樣的人已經在做了。

沒有任何事物比「屬於某一族群」的感覺更能支撐動機，這種歸屬感把個人的追求轉化爲共同的追求。在此之前，你只能靠自己，你的身分是單數的：你是一個愛好閱讀的人。你是一個音樂家。你是一個運動的人。加入一個讀書會、樂團或自行車隊之後，你的身分就跟身邊的人連結在一起，成長與改變不再是個人的追求：我們是愛好閱讀的人。我們是音樂家。我們是單車騎士。共有的身分開始強化你的個人身分，正因如此，達成目標之後繼續留在群體內，對維持習慣而言至關重要。能讓新的身分根深柢固，並讓行爲持久的，就是友誼與社群。

2. 模仿多數的人

一九五〇年代，心理學家所羅門・艾許做了現在眾多大學生必修的一系列實驗。實驗一開始，受試者跟一群陌生人進入一個房間。受試者並不知道其他參與者是研究人員安插的演員，他們面對某些問題會說出預設的答案。

這群人會先看到一張卡片，上面畫著一條直線，然後看到第二張卡片，上面畫著幾條直線。每個人都被要求在第二張卡片上選出與第一張卡片那條線長度最接近的直線。這是非常簡單的任務，下頁的圖是該實驗中兩張卡片的範例：

實驗都以同樣的方式開始。首先，研究人員會先問一些簡單的問題，每個人都正確挑選同一條線；幾回合之後，研究人員會丟出一個答案跟之前同樣顯而易見的問題，但不同的是，這次那些演員會刻意挑選**錯誤**的答案。以圖10爲例，演員們會說答案是A。每個演員都會說兩條線一樣長，雖然明明不一樣。

不知道詭計的受試者馬上會覺得很困惑，張大眼睛，以笑容掩蓋緊張。

遵循社會常規

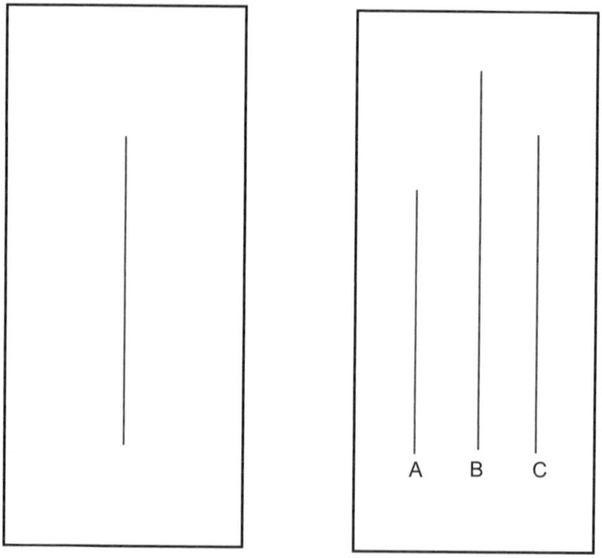

圖10：所羅門．艾許的從眾實驗中使用的兩張卡片大概長這樣。左邊那張卡片上的線的長度明明跟右卡的C一樣，但是當一群演員宣稱兩者長度不同，受試者往往會改變主意，選擇從眾，而非相信自己的雙眼。

他們會再次確認其他參與者的反應，而當參與者一個接一個給出同樣的錯誤答案時，受試者的不安也隨之升高。沒多久，受試者就開始懷疑自己的眼睛，最後給出自己明知道不正確的答案。

艾許以很多不同的方式進行這項實驗多次。他發現，演員的數量愈多，受試者的從眾程度愈高。如果房裡只有受試者和一個演員，受試者的選擇不受任何影響，他只會覺得對方是笨蛋；房裡有受試者和兩個演員，影響還是不大；但是，當演員數量從三個、四個，一路增加到八個，受試者愈來愈傾向質疑自己。待整個實驗結束，將近百分之七十五的受試者都同意群體的答案，縱使那個答案很明顯是錯的。

不確定該怎麼做時，我們會依賴群體指引行爲。我們時常環顧四周，心想：「其他人都在做什麼？」我們看亞馬遜、Yelp或TripAdvisor上面的評價，因爲我們想要仿效「最棒的」購物、飲食及旅遊習慣。這通常是個聰明的策略，數量有其意義。

不過，這項策略也有缺點。

族群的常態行爲往往會壓過個人想要的行爲。例如，一項研究發現，某群黑猩猩中的一隻學會了一種撬開堅果的有效方式，然後被轉到另一個群體，結果發現這個新群體裡的其他黑猩猩都用比較拙劣的方式撬開堅果。爲了融入群體，牠會避免使用那個較優越的方法。

人類也一樣，服從群體規範的內在壓力極大。被接納的獎賞往往大於贏得爭論、顯得聰穎或求得眞相的獎賞，大多數時間，我們寧願跟大家一起錯，也不要自己一個人對。

人類的心智知道如何與他人好好相處，它**想要**跟他人好好相處。這是我們的自然設定，你可以無視之——你可以選擇無視群體或不顧他人的看法——但這需要努力。逆著所處文化的常理而行，需要投注額外的心力。

當改變習慣意味著挑戰族群，改變就沒有吸引力；而當改變習慣意味著融入族群，改變就變得很有吸引力了。

3. 模仿有力的人

人都是追求力量、聲望和地位的。我們希望外套掛滿榮譽勳章，我們想要掛上總裁或合夥人的頭銜，我們渴望他人的認可與讚美。這樣的傾向也許看似虛榮，其實卻是聰明之舉。縱觀歷史，擁有力量與地位的人可以得到較多資源，比較不用擔心生存，也是較有吸引力的交配對象。

有助於贏得尊敬、認可、讚賞與地位的行爲比較吸引我們。我們希望在健身房裡做到暴力上槓，或是彈出最困難的和弦進程，或是生下最有成就的孩子，因爲這些事情能讓我們在群體裡鶴立雞群。融入之後，我們就開始想辦法突出。

因此，我們非常在意高效者的習慣。我們試圖仿效成功人士的行爲，因爲我們自己也渴望成功。許多日常習慣都來自模仿自己欣賞的人：你複製產業中最成功企業的行銷策略，你使用最愛的麵包師傅的食譜，你借用最喜歡的作家的敘事套路，你學習老闆的溝通方式。我們會模仿自己羨慕的對象。

地位高的人享有其他人的認可、尊敬與讚美。這也代表，倘若一個行爲能讓我們獲得認可、尊敬與讚美，我們就會覺得那個行爲有吸引力。

此外，我們也有動機去避免會降低地位的行爲。我們修剪樹籬、整理草皮，因爲不想成爲社區裡的老鼠屎；我們會在母親來訪之前打掃家裡，因爲不想被批判。我們一直在思索：「別人會怎麼看我？」然後依照答案修正自己的作爲。

波爾賈姊妹——本章開頭提到的西洋棋神童——證明了社會對行爲的影響有多麼強大而深遠。三姊妹每天花費許多小時精進西洋棋技能，如此非凡的努力持續數十載，但這些習慣與行爲之所以能夠維持吸引力，部分原因是她們所處的文化對西洋棋的看重。從父母的誇獎，到西洋棋特級大師這種成就與身分標記，她們大有繼續努力的理由。

本章總覽

■ 所處文化決定了哪些行為對我們有吸引力。

■ 我們傾向養成被所處文化誇讚與認可的習慣，因為我們有融入與歸屬於族群的強烈渴望。

■ 我們往往會模仿三種人：親近的人（家人與朋友）、多數的人（族群），以及有力的人（有地位與聲望的人）。

■ 打造更好習慣最有效的方式之一，就是加入具備以下兩個特點的文化：一，你想要的行為是常態；二，你跟這個群體本來就有某些共同點。

■ 族群的常態行為往往會壓過個人想要的行為。大多數時間，我們寧願跟大家一起錯，也不要自己一個人對。

■ 若一個行為能獲得認可、尊敬與讚美，我們就會覺得那個行為有吸引力。

❶很高興可以在這本書裡引用《冰與火之歌：權力遊戲》的臺詞。

10 如何找出並解決壞習慣的成因

二〇一二年末，我坐在伊斯坦堡一間老公寓裡，距離知名的獨立大道只有幾個街區。我當時正在土耳其進行四日遊，而我的導遊麥克坐在幾呎外的老舊扶手椅上放鬆。

麥克其實也不算眞的導遊，來自緬因州的他在土耳其住了五年，主動提議要帶我遊覽這個國家。那晚，我受邀與麥克和他的幾名土耳其好友共進晚餐。

七個人當中，除了我之外，每個人都曾經每天至少抽一包香菸。我問其中一個土耳其人怎麼會開始抽菸。「就朋友啊。」他說，「一定都是從朋友開始。看到一個朋友抽，你就跟著嘗試。」

眞正有意思的是，房裡半數的人都**戒菸成功**。當時的麥克已經幾年沒碰菸，他斬釘截鐵地表示，一切都要歸功於一本叫作《1000萬人都說有效的輕鬆戒菸法》的書。

「那本書幫你擺脫抽菸的心理負擔。」麥克說，「那本書告訴你：『不要再騙自己了，你知道你不是眞心想要抽菸，你知道你不是眞心享受抽菸這回事。』那本書讓你覺得自己不再是受害者，你開始了解自己並不**需要**抽菸。」

我從沒抽過菸，但我後來還是出於好奇讀了那本書。作者運用一套有趣的策略，幫助吸菸者消除渴望。他有系統地重新建構與抽菸相關的所有提示，並賦予它們新的意義。

以下是幾個例子：

- 你以爲自己在戒菸，其實你根本沒有在戒除什麼，因爲香菸對你根本沒好處。
- 你以爲要靠抽菸才能社交，但這是錯的。一根菸都不抽也能社交。
- 你以爲抽菸可以幫你消除壓力，其實根本不會。抽菸不會放鬆你的神經，只會毀掉神經。

他一而再、再而三地說這樣的話。他說：「讓你的腦袋清楚明白，戒掉抽菸，你什麼都沒有失去，反而在健康、活力、金錢、信心、自重、自由上得到絕佳的正面成長；最重要的是，你未來生命的長度與品質也隨之增加。」

等你讀完那本書，會覺得抽菸是世界上最荒唐的事；而當你不再期待抽菸能帶來任何益處，就沒有抽菸的理由了。這就是行爲改變第二法則的反轉：**讓習慣毫無吸引**

力。沒錯，我知道這個概念聽起來似乎過分簡單，只要念頭一轉，就能戒菸成功。不過，請花點時間聽我說明。

採取行動的渴望從何而來

每個行爲都有表層的渴望與深層的潛在動機。我常常有類似這樣的渴望：「我想吃墨西哥捲餅。」如果你問我爲什麼想吃墨西哥捲餅，我不會說：「因爲我需要進食才能生存。」但事實上，在心底深處，激勵我去吃墨西哥捲餅的動機確實是因爲我要進食才能生存。雖然渴望的特定對象是墨西哥捲餅，潛在動機卻是取得食物與水。

以下是人類的一些潛在動機：

■保存能量
■取得食物與水
■找到愛情並繁衍後代
■與他人建立關係
■贏得社會的接納與認可

■ 減少不確定性
■ 取得地位與聲望

渴望只是深層潛在動機的特定顯現。在演化的過程中，人類的大腦並沒有抽菸、上Instagram或打電動的欲望；在較深的層次，你只是想要減少不確定性並舒緩焦慮、想要贏得社會的接納與認可，或是想要取得地位。

看看那些會讓人養成習慣的產品，你會發現，幾乎每一項都沒有創造新的動機，而是抓住人性的潛在動機。

■ 找到愛情並繁衍後代＝使用Tinder之類的手機交友軟體
■ 與他人建立關係＝滑臉書
■ 贏得社會的接納與認可＝在Instagram上發動態
■ 減少不確定性＝用Google查詢
■ 取得地位與聲望＝打電動

你的習慣是古老欲望的現代解決方案、古老惡習的新版本，人類行爲背後的潛在動機仍舊相同。我們表現出來的特定習慣因爲時代不同而有所差異。

有力的部分來了：有許多不同的方法可以解決同樣的潛在動機。某個人也許學會用抽菸來抒解壓力，另一個人則學會用跑步來減低焦慮。目前的習慣不見得是解決問題的最佳手段，而只是你學會使用的手段。一旦把某個解決方案與你必須解決的問題連在一起，你就會一直回頭使用它。

習慣與聯想大有關係，這些聯想決定了我們對某個習慣是否值得重複的預測。如同在行爲改變第一法則討論到的，人的大腦隨時都在吸收資訊，留意環境裡的提示，每當你察覺到一個提示，大腦就會開始模擬，預測下一刻應該怎麼做。

提示：你注意到爐子很燙。
預測：如果碰到爐子就會燙傷，所以我應該避免碰到。

提示：你看到綠燈。
預測：如果踩油門，我就會安全穿過這個路口，並且離目的地更近一些，所以我應該踩油門。

你察覺一個提示，依照過往經驗將其歸類，然後決定合適的回應。

這全都發生於瞬息之間，卻在你的習慣裡扮演關鍵角色，因爲每個行動之前都有個預測。生命感覺起來是反應式的，其實是預測式的。一整天，你都在根據自己剛剛看見什麼及過往經驗猜測應該如何行動，你隨時都在預測下一刻會發生什麼。

我們的行爲非常依賴這些預測；換言之，我們的行爲在很大程度上取決於我們對所發生事件的詮釋，而不一定是事件本身的客觀事實。兩個人看著同一根香菸，一個人可能感受到抽菸的衝動，另一個人可能因菸味而心生厭惡。根據不同的預測，同樣的提示可能觸發好習慣，也可能觸發壞習慣。習慣的成因，其實就是行爲發生前的預測。

這些預測會帶來感覺，我們通常就是這樣描述渴望的——一種感覺、欲望、衝動。感覺與情緒將我們察覺到的提示與我們做出的預測，轉變爲可供運用的信號。它們幫忙解釋了我們目前感受到的事物。舉例來說，不管你有沒有意識到，你現在正在注意自己當下感受到的溫度。下降一度，你也許什麼都不會做；但下降十度，你就會覺得冷，然後多加一層衣服。冷的感覺就是刺激你採取行動的信號。你一直都在讀取提示，但只有預測到改變狀態會讓自己比較好時，你才會採取行動。

渴望就是少了某樣東西的感覺，是改變內在狀態的欲望。當溫度下滑，身體當下的感覺與它**想要**的感覺之間出現差距，而這個當下狀態與想要的狀態之間的差距，就提供了採取行動的理由。

所謂欲望，就是當下狀態與未來想要有的狀態之間的差距。即使最微小的行爲，都帶有一點想要改變當下感受的動機。當你暴飲暴食、點菸或上社群媒體，你眞正想要的**並不是**洋芋片、香菸或幾個「讚」，而是不一樣的**感覺**。

感覺與情緒告訴我們是要維持現狀或做出改變，幫助我們找到最佳行動方案。神經學家發現，當感覺與情緒受損，我們會失去做決定的能力，因爲沒有信號告訴我們要追求什麼、避免什麼。如同神經學家安東尼歐．達馬吉歐解釋的：「讓你決定事情是好、是壞，或無關緊要的，就是情緒。」

總結而言，你感受到的特定渴望，以及你執行的習慣，其實是在嘗試處理基本潛在動機。當習慣成功處理了某個動機，你就產生再次去做的渴望；最後，你學會預測上社群媒體可以讓自己覺得被愛，或是看YouTube影片會讓自己忘卻恐懼。與正面感受產生連結之後，習慣就有了吸引力——我們可以善用這個洞見，而不要用來損害自己。

如何重新設定大腦，讓自己享受困難的習慣

只要能讓困難的習慣與正面感受產生連結，它們就會變得更有吸引力。有時候，

你需要的只是小小的轉念。舉例來說，我們常常提到一天當中必須做的每件事：你必須早起上班，你必須爲了生意打一通業務拜訪電話，你必須爲家人準備晚餐。

現在，把兩個字改掉看看：不是「必須」，而是「可以」。你**可以**早起上班，你**可以**爲了生意打一通業務拜訪電話，你**可以**爲家人準備晚餐。只是改變兩個字，就讓你用不同方式看待每件事；原本被你視爲負擔的行爲，如今成了機會。

重點是，兩個版本的現實都是眞的。你**必須**做這些事，但你也**可以**做這些事。無論選擇哪一種心態，我們都能找到支持的證據。

我聽過一個坐輪椅的人的故事。被問到受限於輪椅上是不是很辛苦時，他答道：「我沒有被輪椅限制啊——我是被輪椅解放。如果沒有輪椅，我就只能躺在床上，出不了家門。」這種觀點的轉換徹底改變了他每天過生活的方式。

重新思考你的習慣，把重點放在**益處**，而非壞處。這是一個快速而輕鬆的方式，使你重新設定大腦，讓習慣顯得比較有吸引力。

運動：很多人想到運動，就覺得那是一項充滿挑戰性的任務，耗費精力，令人力竭。然而，你也可以把運動視爲培養技巧與強身健體的方式。與其告訴自己：「我必須晨跑。」不如說：「是時候培養耐力、加快速度了。」

財務：大家往往把省錢與犧牲聯想在一起，然而，只要了解一個簡單的事實，你就能把省錢與自由聯想在一起，而不是限制：目前的省吃儉用，等於增加未來的財務自由；這個月省下來的錢，提高了你下個月的購買力。

靜心：每個曾經嘗試靜心超過三秒的人都知道，當令人分心的事物突然出現在腦海裡，有多讓人沮喪。而當你了解每一次的干擾都是一次機會，讓你得以練習重新專注於呼吸，就能把挫折感轉化爲喜悅。分心是好事，因爲分了心，才能練習靜心。

賽前緊張：做大型簡報或參加重要競賽之前，許多人都會覺得焦慮，呼吸急促，心跳加快。如果負面詮釋這些感覺，我們會感受到威脅，加倍緊繃；若能正面詮釋這些感覺，我們就能流暢優雅地應對。你可以把「我好緊張」重新表達爲：「我很興奮，所以身體大量分泌腎上腺素幫助我專注。」

這些小小的心態轉變並非魔法，但有助於改變你與特定習慣或情境聯想在一起的感覺。

倘若想要更進一步，你可以創造一個**動機儀式**。只要練習把習慣與你很享受的某件事物聯想在一起，往後每當需要一點動機時，就可以把這個提示拿出來用。舉例來說，如果每次做愛前都播同一首歌，你就會開始把音樂跟這個行爲連在一起。以後每次想要進入這個心情，按下播放鍵就好。

來自匹茲堡的拳擊手兼作家艾德．拉提莫爾在不知不覺中得益於類似的策略。他寫道：「我發現一件很奇怪的事，寫作的時候，只要把耳機戴上，我的專注力就會提升，甚至不用播放任何音樂。」他在不知不覺中訓練了自己。一開始，他戴上耳機，播放一些自己喜歡的音樂，然後進行需要專注力的工作；五次、十次、二十次之後，戴上耳機自動成為與高度專注有關的提示。渴望自然隨之而來。

運動員用類似的策略讓自己進入狀態。在我的棒球生涯中，我發展出一套在賽前拉筋與傳接球的特定儀式。整個過程大概十分鐘，而我每場比賽之前都會照著同樣的方法做。這個儀式幫助我熱身，但更重要的是，它把我放進正確的心理狀態。我開始把這套賽前儀式與競爭和專注的感覺連在一起，就算本來不特別積極，等到整套儀式做完，我就會進入「比賽模式」。

你可以為了幾乎任何目的調整這個策略。假設你想要提升整體的快樂程度，那麼就尋找一件讓你眞正快樂的事——例如撫摸你的狗或洗泡泡浴——然後創造一個簡短的儀式，在每一次做這件你喜愛的事情**之前**執行。也許是深呼吸三次，然後微笑。

深呼吸三次，微笑，摸狗狗。重複。

最後，你會開始把這個深呼吸與微笑的儀式跟好心情聯想在一起，它成了一個**意味**

著覺得快樂的提示。一旦設定好，以後每次需要改變情緒狀態時都能拿出來用。工作有壓力？深呼吸三次，然後微笑。生活讓你傷心？深呼吸三次，然後微笑。習慣一旦確立，提示就能觸發渴望，即使它與原本的情境沒有什麼關係。

想要找出並解決壞習慣的成因，關鍵就是重新架構你對它們的聯想。這並不容易，但如果可以重新設定你的預測，就可以把困難的習慣轉變爲有吸引力的習慣。

本章總覽

- 行為改變第二法則的反轉，就是「讓習慣毫無吸引力」。
- 每個行為都有表層的渴望與深層的潛在動機。
- 習慣是古老欲望的現代解決方案。
- 習慣的成因，其實就是行為發生前的預測。預測帶來感覺。
- 強調避免某個壞習慣的益處，會讓它顯得沒有吸引力。
- 與正面感受產生連結，習慣就有吸引力；與負面感受產生連結，習慣就沒有吸引力。創造一個動機儀式：在執行困難的習慣之前，做一件你很享受的事。

如何建立好習慣

法則 1	讓提示顯而易見
1.1	填寫習慣記分卡。寫下目前的習慣，好讓自己察覺它們。
1.2	運用執行意向：「我會於〔時間〕，在〔地點〕進行〔行為〕。」
1.3	運用習慣堆疊：「做完〔目前的習慣〕之後，我會執行〔新的習慣〕。」
1.4	設計所處的環境，讓好習慣的提示顯而易見。
法則 2	**讓習慣有吸引力**
2.1	運用誘惑綑綁，將「想要」的行為與「需要」的行為配對。
2.2	加入一個把你想要的行為視作常態的文化。
2.3	創造一個動機儀式：在執行困難的習慣之前，做一件你很享受的事。
法則 3	**讓行動輕而易舉**
法則 4	**讓獎賞令人滿足**

如何戒除壞習慣

法則 1 的反轉	**讓提示隱而不現**
1.5	減少接觸，把壞習慣的提示從所處的環境中移除。
法則 2 的反轉	**讓習慣毫無吸引力**
2.4	重新建構你的心態，強調避免壞習慣的益處。
法則 3 的反轉	**讓行動困難無比**
法則 4 的反轉	**讓後果令人不滿**

—法則3—

讓行動輕而易舉

11 精通習慣由重複開始，而非完美

上課第一天，佛羅里達大學的教授傑利．尤斯曼把電影攝影班的學生分爲兩組。

教室左半邊的人都被歸在「量組」，成績將完全取決於作品的數量。期末最後一天，他會統計每個學生繳交的照片，交一百張可以得A，交九十張可以得B，交八十張可以得C，以此類推。

教室右半邊的人則被歸在「質組」，成績將完全取決於作品的品質。學生整學期只需要繳交一張照片，但如果要拿A，那個作品必須近乎完美。

到了學期末，令他吃驚的是，最傑出的照片都出自「量組」。整個學期，這組的學生忙著拍照，嘗試不同的構圖與燈光，在暗房裡測試各式各樣的做法，並從錯誤中學習。在創作百張作品的過程中，他們精進了自己的技術。與此同時，「質組」的學生則坐著思索完美，弄到最後，除了未經證實的理論及一張平庸的照片，沒有太多努力的成果可供展現❶。

嘗試找到改變的最佳計畫，往往讓人綁手綁腳：最快速的減重法、最棒的健身方式、開創副業的完美想法。我們太執著於想出最棒的做法，到頭來根本沒有著手去做。如同伏爾泰寫過的：「至善者，善之敵。」

我把這種狀況稱為「啓動與行動之間的差異」。兩者聽來相仿，實則不同。啓動時，你在計畫、制訂策略與學習。這些都是好事，但無法產出結果。

反觀，行動則是可以產出結果的那種行為。為了想寫的文章構思了二十個想法，那是啓動；實際坐下來寫一篇文章，那是行動。搜尋更棒的飲食計畫且閱讀數本相關書籍，那是啓動；實際吃了健康的一餐，那是行動。

啓動有時是有用的，但其本身永遠無法創造結果。無論跟私人健身教練討論多少次，你的身材永遠不會變好，只有健身這個行動才能讓你獲得你想要的結果。

如果啓動無法帶來結果，我們為何要這麼做？有時是因為我們確實需要事先計畫或學更多東西，但很多時候只是因為啓動能讓我們感覺有所進展，卻不必冒失敗的風險。我們大多數人都是迴避批評的高手，因為失敗或被公開批判讓人難受，我們便傾向避免可能發生這種狀況的情境。這就是你一直處於啓動狀態，卻從不採取行動的最大原因：你想要延後失敗。

處於啓動狀態時，很容易讓自己相信事情有所進展。你心想：「我正在跟四個潛在客戶對話，這是好事。我們的方向正確。」或者：「我爲想寫的那本書腦力激盪，有了幾個想法，漸漸會水到渠成。」

啓動狀態讓你覺得自己有在做事，但實際上，你只是準備要做事而已。當準備成了一種拖延，你就必須做出改變。你不會只想計畫，你要的是實行。

想要精通一項習慣，關鍵是由重複開始，而非完美。你不必詳細列出新習慣的所有特徵，只要開始實行就好了。這就是行爲改變第三法則的第一個重點：開始**重複實行**就對了。

習慣的養成取決於頻率，而非時間

在習慣養成的過程中，透過不斷重複，一個行爲漸漸變得自動化。重複一個行爲愈多次，大腦的結構愈會爲了更有效率地執行那個行爲而改變。神經學家將此稱爲「長期增強作用」，意指大腦裡的神經元因爲近期的行爲模式而增強連結。每一次重複都強化了細胞間的信號傳遞，神經連結變得緊密。神經心理學家唐諾．海伯於一九四九年首次提出這個現象，所以它通常被稱作海伯定律：「同步發射的神經元會連結在一起。」

重複一項習慣會讓大腦產生明顯的變化。音樂家的小腦——對撥吉他弦或拉小提琴弓等肢體動作至關重要的部位——會比非音樂家的大。而數學家的下頂葉裡有比較多的灰質，那在運算與計算中扮演要角，其大小與在該領域花的時間直接相關：數學家年紀愈大、愈有經驗，灰質增加的幅度愈大。

科學家分析倫敦計程車司機的大腦，發現他們的海馬迴——腦中掌管空間記憶的區域——比不是計程車司機的人大得多。更有意思的是，計程車司機退休之後，海馬迴竟跟著縮小。如同身體肌肉會對規律的重量訓練產生反應，大腦的特定區域也會在被使用時增長，在被拋棄時萎縮。

當然，早在神經學家探索之前，「重複」對習慣養成的重要性已為人所知。一八六〇年，英國哲學家喬治・亨利・路易斯寫道：「學習講一種新語言、彈奏樂器，或是執行不熟悉的動作，會讓人覺得十分困難，因為每一種知覺通過的管道尚未建立；然而，頻繁的重複一旦開出一條路，困難隨之消失，這些行為變得自動化，就算心思放在他處，仍能照常執行。」常識與科學證據都同意：重複是一種改變。

每次重複一個行為，你就活化了跟那個習慣有關的神經迴路。這代表光是重複執行就是養成新習慣的關鍵步驟之一。正因如此，拍了一堆照片的學生精進了技術，光想著完美照片理論的學生卻沒有。一組致力於主動實行，一組投入被動學習；一組行動，一組啓動。

從需要花費心力實行，到變成不假思索的行爲，所有習慣都遵循類似的軌道——一個被稱爲「自動化」的過程。當無意識接管，就可以在不思考每個步驟的狀況下執行一個行爲，這種能力就叫自動化。

整個過程看起來像下面這張圖這樣。

你會在下一頁看到研究人員追蹤一項實際習慣（例如每天散步十分鐘）的自動化程度之後，畫出來的圖形會是怎樣。這些曲線圖的形狀（也就是科學家所謂的「學習曲線」）透露了關於行爲改變的

習慣線

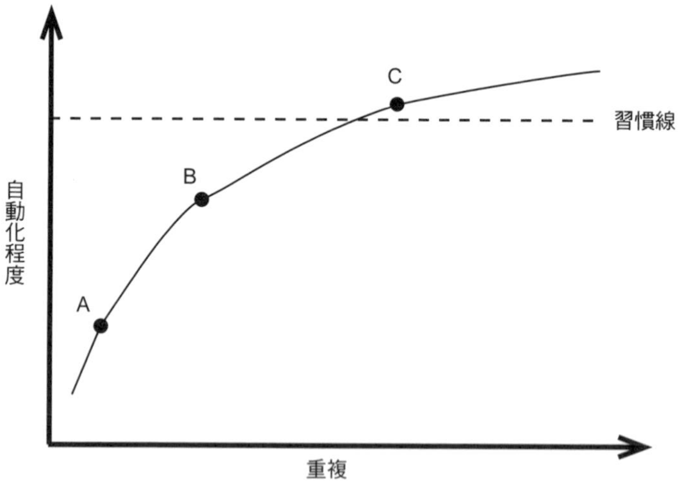

圖11：起初（A點），執行一項習慣需要耗用大量心力與專注；幾次重複之後（B點），就變得比較簡單，但還是需要一些有意識的注意力；等到執行的次數足夠了（C點），習慣變得比較自動化，不太需要經過意識思考；越過這個門檻——習慣線——之後，行為或多或少變得不假思索，一項新習慣於焉成形。

一個重要眞相：**習慣的養成取決於頻率，而非時間。**

我最常聽到的一個問題是：「要花**多久**才能建立一項新習慣？」但大家眞正應該問的是：「要花**多少次**才能建立一項新習慣？」也就是說，要重複多少回，才能讓一項習慣自動化？

關於習慣的養成，時間的流逝並沒有什麼神奇力量。二十一天、三十天或三百天都無關緊要，重要的是執行該行爲的比例。你可以在三十天內做某件事兩次，也可以做兩百次，頻率才會對結果造成影

每天散步10分鐘

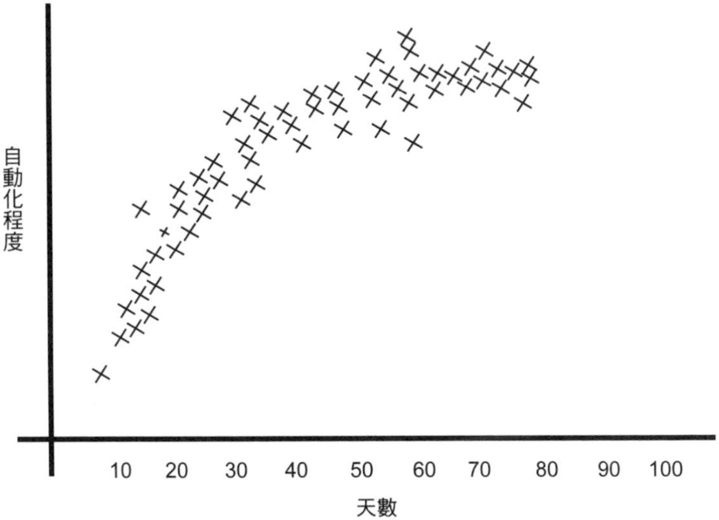

圖12：這張圖顯示一個養成每天早餐後散步十分鐘習慣的人的狀況。請注意，自動化程度隨著重複提升，直到行為執行起來變得最容易、最自動化。

響。你目前的習慣就算沒有經過數千次的重複，也有數百次，才被內化，而新習慣也需要同樣程度的頻率。必須串起足夠次數的成功嘗試，行爲才會在心裡根深柢固，然後你才能跨越「習慣線」。

實際上，要花多久才能讓一項習慣自動化並不重要，重要的是你確實採取了進展所需的行動。一個行爲是否完全自動化，重要性沒那麼大。

要養成一項習慣，就必須去實踐；而讓實踐發生最有效的方法，就是遵守行爲改變第三法則：**讓行動輕而易舉**。至於如何做到，接下來的章節會提供確切指引。

本章總覽

- 行為改變第三法則，是「讓行動輕而易舉」。
- 最有效的學習形式是實行，而非計畫。
- 把重點放在行動，而非啓動。
- 在習慣養成的過程中，透過不斷重複，一個行為漸漸變得自動化。
- 執行一項習慣的時間長短，不如執行該習慣的次數多寡重要。

❶大衛・貝爾斯與泰德・奧蘭德合著的《開啓創作自信之旅》一書提過類似的故事，我在他們的允許下將其改寫，收錄於本書中。

12 最小努力原則

在獲獎無數的巨作《槍炮、病菌與鋼鐵》中，人類學家兼生物學家賈德·戴蒙指出一個簡單的事實：不同的大陸有不同的形狀。乍看之下，這個說法似乎顯而易見且不甚重要，然而，這其實對人類行爲產生深遠的影響。

美洲大陸的主軸是南北向的，也就是說，南美洲與北美洲的陸塊是瘦長的，不是廣胖的。非洲亦是如此。反觀，構成歐洲、亞洲與中東的陸塊卻不是這樣，這塊廣闊陸地的主軸爲東西向。根據戴蒙所述，這種形狀上的差異大大影響了數百年來的農業傳播。

當農業開始傳播全球，對農夫來說，比起南北向拓展，東西向拓展比較容易，因爲同緯度的地點通常會有相似的氣候、陽光量、雨量，以及季節變化。這些因素讓歐洲與亞洲的農夫得以馴化某些作物，一路從法國種到中國，橫跨極廣大的土地。

相較之下，從南到北的氣候變化很大。想想加拿大與佛羅里達的天氣差了多少，就算世上最厲害的農夫，也無法在加拿大的寒冬中種出佛羅里達的柳橙。霜雪不能代替土壤，若要沿著南北向的路徑傳播農業，農夫就必須隨著氣候改變不斷找出並馴化新的植物。

因此，橫跨歐亞的農業傳播速度是縱跨美洲的兩到三倍。幾個世紀累積下來，這個小差別產生了巨大的影響。食物產量的增加帶來更快速的人口成長，而有了更多人口，這些文化就能打造更強大的軍隊，也能有更好的設備來發展新科技。改變一開始很小——作物傳播得稍微遠一些，人口增長得稍微快一些——隨著時間過去卻像以複利

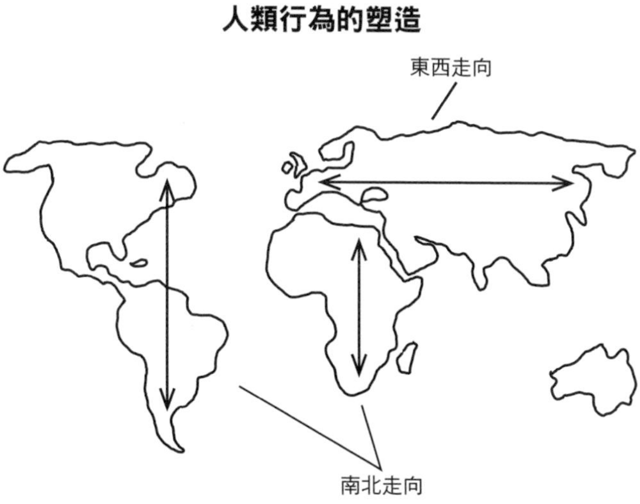

圖13：歐洲與亞洲大陸的主軸為東西向，美洲與非洲大陸的主軸則是南北向，這讓縱跨美洲的氣候差異大於橫跨歐亞。結果就是，農業在歐亞傳播的速度幾乎是其他地方的兩倍。縱使歷經千百年，農夫的行為仍受環境中有多少阻力所限。

計算一樣，成爲可觀的巨大差異。

農業的傳播以全球規模印證了行爲改變第三法則。傳統觀點主張動機是習慣改變的關鍵——如果你眞的想要，也許就會眞的去做。但事實上，我們眞正的動機就是發懶，然後找方便的事情做。不管最新的成功學暢銷書怎麼告訴你，這都是個聰明的策略，並不愚蠢。

能量是珍貴的，大腦的設定就是盡可能節省能量。人類的天性是遵循「最小努力原則」：在兩個類似選項中抉擇時，人自然傾向選擇花費最少力氣的那個❶。如前面的例子所示，要往氣候不一樣的北方去，不如往可以種植相同作物的東方拓展農地。在所有可能採取的行動中，花費最少努力產出最大價值的那個才會被實踐。我們的動機就是做**容易**的事。

每個行動都需要某種分量的能量，所需的能量愈多，發生的可能性愈低。如果你的目標是一天做一百下伏地挺身，那可是很大的能量！起初，當你受到激勵、感到亢奮，也許可以鼓起力量開始；但幾天後，如此巨大的能量耗費讓人感覺疲憊。相較之下，維持一天做一下伏地挺身的習慣幾乎不費吹灰之力，而一項習慣所需的能量愈少，養成的可能性愈高。

看看塡滿你日常生活的多數行爲，就會發現幾乎都能用極低的動力執行。滑手機、讀電子郵件、看電視等習慣之所以竊取我們這麼多時間，就是因爲它們幾乎不需要花費任何心力，而且出奇方便。

某種意義上，習慣是達成目標之前的障礙。節食是得到好身材之前的障礙，靜心是感覺平靜之前的障礙，寫日記是思緒清晰之前的障礙。你眞正想要的並非習慣本身，而是習慣帶來的結果。障礙愈大——亦即習慣的難度愈高——你與想要的最終狀態之間就橫亙著愈多阻力。因此，**讓習慣簡單到就算沒有意願也會執行至關重要。**若能讓好習慣更加方便，你就更有可能貫徹。

但看似相反的狀況又該如何解釋？如果人類天性懶散，怎麼會有人完成超級困難的事，例如養兒育女、開創事業，或是登上珠穆朗瑪峰？

當然，你有能力做非常困難的事。問題是，有時候你想要努力打拚，有時候你又想要乾脆放棄，而在難熬的日子裡，盡可能取得所有助力，好讓自己克服人生本來就會對你丟來的挑戰，是非常重要的。需要面對的阻力愈少，比較強大的自我愈容易浮現。「讓行動輕而易舉」背後的概念並非叫你**只做**容易的事，而是要你盡可能讓「做那些長期下來會有回報的事」這個行動變得不費力。

如何用更少力氣成就更多

想像自己握著一條中間被折彎的水管。有些水能順利流過，但是不多。若想增加通過的水量，你有兩個選擇：把水龍頭扭得更開，讓水強行通過，或是解除水管的彎曲，讓水自然流過。

試著強化自身動機來堅守一項困難的習慣，就像讓水強行通過被折彎的水管。你可以這麼做，但要花很多力氣，而且會增加生活的壓力。反之，讓習慣變得簡單且容易就像解除水管的彎曲。與其試著克服生活中的阻力，不如將其減少。

減少與習慣相關的阻力，最有效的方法之一就是**環境設計**。在第六章，我們說過環境設計可以讓提示變得顯而易見，但你也可以透過優化環境來讓行動變得輕而易舉。例如，決定實行新習慣的地點時，最好挑選每天本來就會經過之處，能夠融入生活動線的習慣比較容易養成。要是健身房在上下班的路上，你就比較容易去健身，因爲順路停下來不會爲本來的生活方式增添太多阻力；相較之下，如果健身房不在通勤的路線上，就算只差幾個街區，你也會變成「特地」去健身。

更有效果的也許是減少住家與辦公室裡的阻力。我們太常試圖在高阻力的環境中開始執行一項新習慣：試圖在跟朋友出去吃晚餐時遵守嚴格的飲食規則，試圖在亂成一團的家裡寫一本書，試圖一邊使用讓人分心的手機一邊專心。我們可以移除妨礙我們的種種阻力，日本的電子工廠就是從一九七〇年代開始這樣做的。

在《紐約客》一篇名爲〈隨時精進〉的文章中，詹姆斯．索羅維基寫道：

「日本公司強調所謂的『精實生產』，不懈地在生產過程中移除各種浪費，包括重新設計工作空間，讓員工不必浪費時間轉身拿取工具。結果就是，日本工廠比美國的更有效率，日本製的產品也比美國製的更可靠。一九七四年，美製彩色電視的客服電話數量是日製彩色電視的五倍；到了一九七九年，美國工人組好一部電視機的時間是日本工人的三倍。」

我喜歡把這項策略稱爲「減法的加乘效用」❷。日本公司找出生產過程中的每一個小阻力，然後將之消除；而當他們減去浪費的精力，顧客數量與收入就增加了。同理，當我們移除消耗時間與精力的阻力，就能用更少的力氣成就更多（這也是整理可以讓人感覺良好的原因之一：進展的同時，也減輕了環境施加在我們身上的認知負荷）。

看看最容易讓人養成習慣的產品，你會發現這些商品或服務最擅長的就是減少生活中的小阻力或麻煩：送餐服務減少採購食材的麻煩，約會軟體減少社交介紹的麻煩，

並不容易。

把環境準備好以便隨時使用的方法很多。假如想要煮一頓健康的早餐，前一天晚上就把煎鍋放到爐子上，把油放在流理臺上，把所需的碗盤與器皿都擺好，起床之後，煮早餐就變得輕而易舉。

- 想要畫更多畫？把鉛筆、畫筆、畫本等所有繪畫工具都放在書桌上隨手可以取得的位置。
- 想要多運動？提前準備好運動服、運動鞋、運動包及水瓶。
- 想要讓飲食更健康？利用週末切好大量蔬菜、水果，放進容器裡。這樣一來，你在週間就能輕易取得隨時可供食用的健康食物。

這些簡單的方法能讓我們把好習慣放在阻力最小的路上。

你也可以反轉這條原則，透過環境設計讓壞習慣變得困難。假如你發現自己看太多電視，每次看完電視就把插頭拔起來，並規定自己在大聲說出想要看的節目名稱後，才能把插頭插回去。這恰好提供了足夠的阻力，讓你不會不假思索地看電視。

如果這樣沒用，你還可以更進一步：每次看完電視除了拔掉插頭，也取出遙控器的電池，這樣下次要打開電視又得多花十秒；如果你是偏激型，每次看完電視就把電視搬出客廳，收進櫃子裡，這樣可以確保你只在**真的很想**看某個節目時，才會把電視機拿出來用。阻力愈多，形成習慣的可能性愈低。

只要情況允許，我都會把手機留在另一個房間，直到午餐時間。手機近在手邊時，我會無緣無故一直用它，一整個早上就這樣耗掉；但如果手機被放在另一個房間，我幾乎不太會想到它。這樣的阻力剛好夠大，讓我不會沒來由地走去另一個房間拿手機。結果就是，每天早上我都有三到四個小時可以不受干擾地工作。

如果把手機放在另一個房間還不夠，就請朋友或家人把它藏起來幾個小時。或者，把你的手機借放在同事的抽屜裡，請對方等到午餐時間再還給你。

其實只要很小的阻力，就能避免一個不想要的行爲。把啤酒藏到冰箱後面看不見的地方，我就喝得少了；把社群媒體的應用程式從手機上移除，隔了好幾個禮拜我才再次下載登入。這些小伎倆不太可能抑制眞正的癮頭，但對許多人來說，一點小阻力可能代表堅守好習慣或重拾壞習慣之間的差異。想像一下，生活在一個經過設計而讓好習慣輕而易舉、壞習慣困難無比的環境裡，數十個小改變累積起來的影響有多麼巨大。

無論是以個人、父母、教練或領導者的身分進行行爲改變，我們都應該問自己：「如何設計一個讓做正確的事變得容易的世界？」請重新設計你的生活，讓最重要的事做起來最簡單。

本章總覽

- 人類行為遵循最小努力原則，我們自然會被花費最少力氣的選項吸引。
- 創造一個讓正確的事情盡可能容易執行的環境。
- 減少與好習慣相關的阻力。阻力一少，養成習慣就簡單了。
- 增加與壞習慣相關的阻力。阻力一多，養成習慣就困難了。
- 把環境準備好，讓未來的行動容易執行。

❶ 這是物理學的基本原理，被稱為「最小作用量原理」：如果一個物體必須沒有任何阻礙地從這一點到另一點，總是會選擇需要最少能量的那條路徑。這個簡單的原理撐起了宇宙的種種法則，可以用來描述運動定律與相對論。

❷「減法的加乘效用」這個詞也被用在團隊或企業，用來描述為了讓團隊整體變得更強大，而移除冗員。

13 如何運用「兩分鐘法則」停止拖延

崔拉．夏普被許多人認爲是當代最偉大的舞者與編舞家之一。她在一九九二年獲頒俗稱「天才獎」的麥克阿瑟獎，舞蹈生涯多數的時間裡，她都在巡迴全球表演原創作品。她把自己的成功歸因於簡單的日常習慣。

「我用一個儀式開始每一天。」她寫道，「我早上五點半起床，穿上健身服、暖腿襪套、運動衫，戴上帽子，然後走出我在曼哈頓的住所，招一輛計程車，請司機載我到九十一街與第一大道口的健身房，在那裡運動兩個小時。

「我的儀式並非每天早上在健身房做的拉筋與重訓，而是計程車。向司機告知目的地，我就完成儀式了。

「這是個簡單的動作，但每天早晨用同樣的方式做，讓它成了習慣——讓它便於重複，很容易做。這降低了我跳過或以不同的方式做的可能性，讓我的慣例軍火庫多了一項武器，也讓我少了一件要費心思考的事。」

例。

每天早上招計程車也許是個微不足道的舉動，卻是行爲改變第三法則的絕佳範

研究人員估計，我們每天的所作所爲中，有百分之四十到五十是出於習慣。這樣的比例已經很可觀了，但習慣眞正的影響卻遠大於這些數字所能表明的。習慣是會影響隨後有意識的決定的自動化選擇。沒錯，一個習慣可以在幾秒內完成，卻能形塑幾分鐘、甚至幾小時後的行爲。

習慣就像上高速公路前的匝道，將你引導至一條路線上，還來不及反應，你已經快速往下一個行爲駛去。比起開始做一件不一樣的事，繼續做本來正在做的事似乎比較容易。明明是一部爛電影，你還是坐著看了兩個小時；明明肚子很飽，你還是一直塞零食；本來是要看手機「一下下」，結果二十分鐘後，你仍死盯著螢幕。不假思索遵循的習慣往往就以這種方式，影響了你在思考時所做的選擇。

在我的生活中，每天傍晚總有一個小瞬間——通常是五點十五分左右——會決定接下來整個晚上的樣貌：老婆下班走進家門後，我們不是換上運動服前往健身房，就是坐在沙發上點印度菜，然後看《我們的辦公室》影集❶。跟崔拉·夏普招計程車類似，我的儀式是換上運動服。只要換上運動服，我就知道自己會去健身；只要踏出第一步，接下來的每一件事——開車去健身房、決定要做哪些運動、站到槓鈴底下——都變得輕

而易舉。

每一天總有幾個這樣的瞬間，會在之後帶來巨大的影響。我把這些小選擇稱爲「決定性瞬間」：決定要自己煮晚餐或叫外賣的瞬間，決定要開車或騎自行車的瞬間，決定要開始寫作業或拿起電玩搖桿的瞬間。這些選擇都是道上的岔路。

決定性瞬間爲你未來的自己提供可得的選項。舉例來說，走進一間餐廳就是一個決定性瞬間，因爲那決定了你午餐會吃什

決定性瞬間

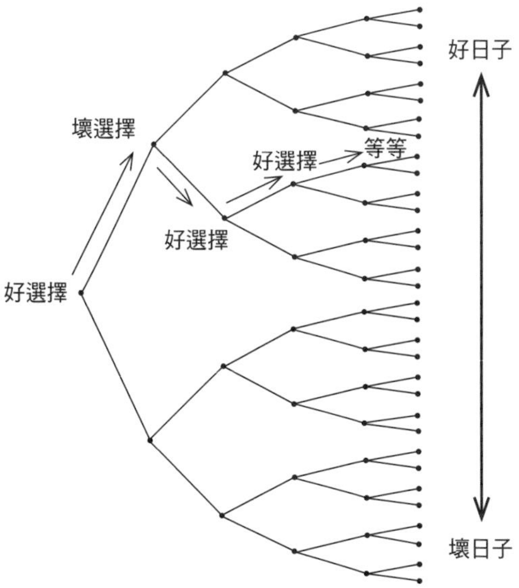

圖14：好日子與壞日子的差別，往往取決於在決定性瞬間做的幾個有生產力且健康的選擇。每個決定性瞬間都是岔路，而這些選擇一整天累積下來，最終會造成非常不一樣的結果。

麼。嚴格說來，你對於要點些什麼有掌控權，但從更廣的意義上來說，你只能點菜單上有的東西。如果進去的是一間牛排館，你可以點沙朗或肋眼牛排，但不可能點壽司。你的選項受限於可得的事物，而它們取決於你的第一個選擇。

我們受習慣引導我們去的地方所限，因此，掌握一整天的決定性瞬間非常重要。每一天都由許多瞬間組成，但眞正決定你走的道路的，其實只有幾個習慣性的選擇。這些小選擇累積堆疊，每一個都設定了軌道，決定你如何運用接下來的一段時間。

習慣是起點，不是終點；是計程車，不是健身房。

兩分鐘法則

縱使知道要從小處做起，還是很容易一起跑就跨太大步。當你夢想著有所改變，很難避免讓興奮感接掌一切，到頭來就會試圖在太短的時間內做太多。就我所知，抵抗這種傾向最有效的方法之一，就是運用**兩分鐘法則**：新習慣的開始應該要花不到兩分鐘。

你會發現，幾乎每個習慣都可以縮減爲兩分鐘版本：

■「每晚就寢前閱讀」變成「讀一頁」。
■「做三十分鐘瑜伽」變成「拿出瑜伽墊」。
■「用功讀書」變成「翻開筆記」。
■「把洗好的衣服摺好」變成「摺一雙襪子」。
■「跑三英里」變成「繫好跑鞋的鞋帶」。

重點是盡可能讓習慣容易開始。任誰都可以靜心一分鐘、讀一頁書，或是把一件衣服摺好，而如我們先前討論過的，這是個強而有力的策略，因爲一旦開始做正確的事，要繼續做下去就比較簡單了。新習慣不該讓你覺得像是一種挑戰，**接下來的**行動可以有挑戰性，但開頭的兩分鐘應該輕而易舉。你需要的是可以自然引導你走上比較有成效的路的「入門習慣」。

只要將目標依照難度，從「非常容易」排到「非常困難」，通常就能找出可以將你引至想要的結果的入門習慣。舉例來說，跑馬拉松非常困難，跑五公里困難，走一萬步難度中等，走十分鐘容易，穿上跑鞋非常容易。你的目標可能是跑馬拉松，而你的入門習慣是穿上跑鞋，兩分鐘法則就是這樣運用的。

非常容易	容易	中等	困難	非常困難
穿上跑鞋	走十分鐘	走一萬步	跑五公里	跑馬拉松
寫一句	寫一段	寫一千字	寫一篇五千字的文章	寫一本書
翻開筆記	用功十分鐘	用功三小時	每科都拿A	拿到博士學位

人們常常覺得讀一頁書、靜心一分鐘，或是打一通業務拜訪電話沒什麼好興奮的，但重點不是做一件事，而是掌握「起頭」的習慣。事實上，要先養成一個習慣，才能去改善這個習慣。倘若無法學會起頭的基本技巧，就不太可能掌握更小的細節。不要一開始就企圖打造完美的習慣，應該先做容易的事，持續地做。要先標準化，才能最佳化。

待你掌握起頭的技巧，這兩分鐘就成了開啓一個更大慣例之前的儀式。這不僅是讓習慣變容易的訣竅，也是精通困難技能的理想方式。愈是把一個過程的開頭儀式化，愈有可能進入成就大事所需的高度專注狀態。每次健身前都做一樣的暖身運動，會更容易讓自己進入巔峰表現的狀態；遵循同一套創作儀式，創作這件困難的差事會隨之變得比較簡單；養成關閉電源的習慣，每天晚上在合理時間上床睡覺就變得比較容易。你也許無法將整個過程自動化，但可以讓執行第一個動作變得不假思索。讓習慣容易開始，其餘的會自然開展。

對某些人來說，兩分鐘法則看起來可能像個花招。明知道**真正的**目標是在兩分鐘之後持續進行，運用兩分鐘法則好像在騙自己。沒有人會眞的渴望讀一頁書、做一下伏地挺身，或是翻開筆記，既然知道這是個心理詭計，又怎麼會相信？

如果覺得兩分鐘法則有點牽強，試試這個：只做兩分鐘就停手。出門跑步，但兩分鐘後就必須停止；開始靜心，但兩分鐘後就必須停止；研讀阿拉伯文，但兩分鐘後就必須停止。這不再是個起頭的策略，這就是全部。你的習慣**只能**持續一百二十秒。

我的一位讀者曾用這個策略減重超過一百磅。一開始，他每天都去健身房報到，但規定自己不能待超過五分鐘：進健身房，運動五分鐘，時間一到就離開。幾個禮拜之後，他環顧四周，心想：「嗯，反正都要來這裡，不如開始待久一點吧。」幾年過去，他的體重也跟著去了。

寫日記提供了另一個例證。幾乎每個人都能透過將腦中的想法付諸紙筆而受益，但大部分人不是寫個幾天便放棄，就是避之唯恐不及，因爲寫日記感覺像是一件苦差事。其實，祕訣就是**在覺得費力之前停止**。英國一位領導力顧問葛瑞格．麥基昂就靠著特意寫得比自己想要的**少**，來養成每天寫日記的習慣。他總是在覺得寫日記很麻煩之前停筆。海明威相信類似的建議適用於任何一種寫作，他說：「最棒的方式就是見好就

本章總覽

- 習慣可以在幾秒內完成，卻會持續影響你幾分鐘、甚至幾小時後的行為。
- 許多習慣都發生在決定性瞬間。所謂決定性瞬間就是如同岔路般的種種選擇，可以讓你踏上成果豐碩的一日，也可以讓你踏上一事無成的一天。
- 兩分鐘法則就是：新習慣的開始應該要花不到兩分鐘。
- 愈是把一個過程的開頭儀式化，愈有可能進入成就大事所需的高度專注狀態。
- 要先標準化，才能最佳化。你無法改善不存在的習慣。

❶平心而論，這樣的夜晚聽起來還是超棒的。

14 如何讓好習慣變得無可避免，讓壞習慣不可能發生

一八三〇年夏天，維克多．雨果面臨一個不可能的截稿期限。十二個月之前，這位法國文豪承諾出版社要寫一本新書，但他並沒有好好寫作，而是進行其他計畫、娛樂賓客，拖延應該做的工作。出版社忍無可忍，於是設下六個月內交稿的期限。雨果必須在一八三一年二月之前完成這本書。

爲了對抗拖延的惡習，雨果想出一個怪招：他請助理把他所有的衣服都鎖進一個大櫃子裡，除了一條大披巾，他沒有東西可穿。既然沒有能穿出門的衣服，一八三〇年的秋天和冬天，他就待在書房瘋狂寫作。結果，《鐘樓怪人》於一八三一年一月十四日出版，比期限早了兩週[1]。

有時候，成功的關鍵除了讓好習慣變得容易執行之外，更重要的是把壞習慣變困難。這是行爲改變第三法則的反轉：**讓行動困難無比**。如果發現自己一直難以貫徹計

畫，可以效法雨果，藉由創造心理學家所謂的「承諾機制」，增加壞習慣的難度。

承諾機制是用當下做的選擇來控制未來的行爲。這是鎖定未來行爲，把你跟好習慣綁在一起，並讓你遠離惡習的一個方法。當雨果把衣服都鎖起來，好讓自己專心寫作，就創造了一個承諾機制❷。

有很多方法可以創造承諾機制。你可以買獨立包裝而非家庭號的食物，來減低過度飲食的機率；你可以主動要求被列入賭場及線上撲克網站的黑名單，以避免未來的狂賭。我甚至聽說，有必須爲比賽「體重達標」的運動員在測量體重的前一週出門時會刻意不帶錢包，以免被誘惑去買速食。

我的好朋友、同樣也是習慣專家的尼爾．艾歐提供了另一個例子。他買了一個插座定時器，裝在電源和路由器中間，每天晚上十點，這個定時器會切斷路由器的電源；而當網路斷線，大家就知道上床時間到了。

承諾機制之所以有用，是因爲它讓你可以在淪爲誘惑的受害者之前，好好利用良好的意圖。舉例來說，當我想要減少攝取卡路里，我會要求服務生在上餐**之前**先把我點的食物分一半出來，放進外帶餐盒裡；如果我等到食物上桌才告訴自己「吃一半就好」，絕對不會有效。

關鍵在於改變任務，**讓違背好習慣比開始執行好習慣更花力氣**。如果覺得有讓身材變好的動機，就去報名瑜伽課程並提前付款；若對創業有興趣，就寫電郵給你尊敬的企業家，約好打電話去諮詢的時間。待行動的時間一到，若想放棄，唯一的方法就是取消，既耗費心力，還可能浪費錢。

承諾機制透過讓壞習慣在當下變得困難，增加了你未來做正確之事的可能性。然而，我們可以做得更好：我們可以讓好習慣變得無可避免，並讓壞習慣不可能發生。

如何讓習慣自動化，從此不假思索便能執行

約翰．亨利．派特森在一八四四年生於俄亥俄州的代頓市。整個童年，他都在家裡的農場打雜，並在父親的鋸木廠輪班。在達特茅斯讀完大學之後，派特森回到俄亥俄州開了一間雜貨店，目標客層鎖定當地的煤礦工。

那似乎是個不錯的機會。然而，這間店雖然沒什麼競爭對手，享有穩定的客源，卻還是很難賺錢。這時，派特森才發現員工偷錢。

一八〇〇年代中期，員工偷竊是常見的問題。收據存放在開放式的抽屜裡，很容易被更改或丟棄；沒有攝影機可以監控店面，也沒有軟體可以追蹤交易。除非你願意一整天在員工身邊徘徊或親自管帳，要避免偷竊非常困難。

在仔細思考這個困境時，派特森看到一則廣告，宣傳了一項被稱爲「利蒂防舞弊收銀機」的新發明。那是世上第一部收銀機，發明者詹姆斯．利蒂跟他一樣來自代頓市。每次交易過後，這部機器會自動把現金和收據鎖在裡面，一部要價五十美元，派特森買了兩部。

結果，店裡的員工偷竊事件在一夕之間消失。接下來的六個月裡，派特森的商店從虧損變成盈餘五千美元——換算成現在的價值，超過十萬美元。

這部機器太讓派特森驚豔，他決定轉行。他買下利蒂牌收銀機的專利，開創安迅資訊公司；十年後，這家公司旗下員工超過一千人，並逐漸成爲當代最成功的企業之一。

破除惡習最好的方法，就是讓惡習的執行變得不切實際。增加阻力，直到執行這個壞習慣根本不是個選項。收銀機的妙處在於透過將偷竊變得不可能執行，來讓合乎道德的行爲自動化。它沒有試圖改變員工，而是讓想要的行爲變得自動。

某些行動——像是安裝收銀機——會一再取得報償。這些一次性的選擇起初需要費點心力，但價值會隨著時間不斷增高。一個選擇能一再產出回報，這個概念令我著迷，於是我在讀者之間做了調查，看看大家最喜歡哪些會造成長遠好習慣的一次性行動。下頁的表格記錄了一些頗受歡迎的答案。

鎖定好習慣的一次性行動

營養	幸福
購買濾水器來過濾飲用水。	養一隻狗。
使用較小的盤子來減少攝取卡路里。	搬到比較有社交互動的友善社區。
睡眠	**整體健康**
買一張好床墊。	打疫苗。
安裝遮光窗簾。	買一雙好鞋來預防背痛。
把電視搬出臥房。	買一張有支撐性的椅子，或是站立使用的書桌。
生產力	**財務**
取消訂閱電子報。	註冊自動儲蓄計畫。
關掉群組聊天的通知。	設定自動繳款。
把手機調成靜音。	取消第四臺服務。
用電郵過濾器來清理收件匣。	調降信用卡額度。
刪除手機上的遊戲及社群媒體應用程式。	

我敢打賭，一般人只要做到這張表格裡一半的一次性行動——就算他們沒有多想到習慣——大部分人在一年之後也會發現自己的生活變得更好了。這些一次性行動直截了當運用了行爲改變第三法則，讓睡得好、吃得健康、有生產力、存錢，以及整體過著更好的生活這些事變得更容易執行。

當然，要讓好習慣自動化，並消除壞習慣，方法很多，通常都跟善用科技有關。科技能讓原本困難、惱人與複雜的行動，變得輕鬆、無痛且簡單。要確保採取正確的行動，這是最可靠且有效的方法。

想要讓太少發生的行爲變成習慣，這個方法尤其有用。每個月或每年必須做的事——例如投資組合再平衡——重複的頻率總是沒有高到讓人養成習慣，所以，幫你「記得」做這些事的科技在此尤其有幫助。

其他例子包括：

- 醫療：連續處方箋的藥可以自動續領。
- 個人財務：員工可以透過自動提撥特定比例的薪資，來爲退休生活存錢。
- 烹飪：送餐服務也可以幫你採購食材。
- 生產力：可以用網站封鎖工具阻斷社群媒體的瀏覽。

盡可能讓生活自動化，就能把心力花在機器尚無法代勞的事情上。每個交付給科技的習慣，都騰出了可以投入下一階段成長的時間與精力。數學家兼哲學家懷海德曾經寫道：「讓可以不假思索執行的事情變多，就是文明進步的基礎。」

當然，科技的力量也可能對我們不利。瘋狂追劇之所以變成習慣，是因爲比起繼續盯著螢幕，你要投注更多心力才能**停止**看劇——要看下一集，你連按個鈕都不用，Netflix 或 YouTube 會自動爲你播放，你只要保持眼睛張開就可以了。

科技帶來某種程度的方便，讓你可以滿足最微小的突發奇想與欲望。稍微覺得有點餓，就能把食物叫到家門口；稍微覺得有點無聊，就能迷航於廣闊的社群媒體之海。當滿足欲望所需的努力基本上趨近於零，你會發現自己不知不覺陷入當下浮現的任何衝動。自動化的缺點，就是可能會讓我們從一項簡單任務跳到另一項簡單任務，而沒有撥出時間處理較爲困難、但長遠來看較有助益的工作。

我發現自己只要一有空閒，就會被社群媒體吸引，毫秒的無聊就能讓我拿起手機。我們很容易把這些小小的分心美化成「休息一下」，但長久累積下來，會變成嚴重的問題。「只要再一分鐘」的心態一直拽著我，阻礙我去做任何重要的事。（我並非特例，一般人平均每天花超過兩小時瀏覽社群媒體。想想看，一年多出六百小時，能做多少事啊？）

寫這本書的那一年，我試驗了一個新的時間管理策略：我的助理每週一會改掉我所有社群媒體帳號的密碼，讓我無法登入，於是整個週間，我就能不受干擾地工作。她會在週五把新的密碼寄給我，讓我在週末盡情享用社群媒體；到了週一，她會再次更改密碼（如果沒有助理，就找個朋友或家人合作，每週爲彼此重設密碼）。

最驚人的事情之一是我適應的速度。在無法登入社群媒體的第一個禮拜，我就發現自己根本不需要如此頻繁瀏覽社群媒體，絕對不是每天都要登入不可。這件事簡單到成了預設模式。壞習慣一旦變得不可能發生，我就發現自己其實擁有處理較有意義任務的動機。把心理的糖果從環境中移除之後，吃健康的東西就容易多了。

爲你所用時，自動化能讓好習慣變得無可避免，並讓壞習慣不可能發生。這是鎖定未來行爲，而不是依賴當下意志力的終極之道。透過運用承諾機制、策略性的一次性選擇，以及科技，你可以打造一個充滿必然性的環境——在這個空間裡，好習慣不再只是你希望的結果，而是幾乎保證會發生的結果。

本章總覽

- 行為改變第三法則的反轉，就是「讓行動困難無比」。
- 承諾機制就是用當下做的選擇來鎖定未來比較好的行為。
- 鎖定未來行為的終極之道，是將習慣自動化。
- 一次性選擇——例如購買更好的床墊或註冊自動儲蓄計畫——是能讓未來的習慣自動化，而且其回報會隨著時間增加的單一行為。
- 要確保採取正確的行動，使用科技來讓習慣自動化是最可靠且有效的方法。

❶我不禁注意到，這個故事跟我寫作本書的過程很像。縱使我的出版社比較樂於通融，而且我的衣櫃一直都是滿的，我確實覺得要把自己囚禁在家裡才能完成書稿。

❷這也被稱為「尤里西斯約定」或「尤里西斯合約」。史詩《奧德賽》裡的英雄尤里西斯命令手下的船員把他綁在桅杆上，這樣一來，他雖然可以聽見海妖魅惑人心的歌聲，卻無法把船駛向海妖、撞上岩石。尤里西斯知道要趁自己心懷正確念頭的時候鎖定未來的行動，而不是坐看欲望把你帶向何方。

如何建立好習慣

法則 1	**讓提示顯而易見**
1.1	填寫習慣記分卡。寫下目前的習慣，好讓自己察覺它們。
1.2	運用執行意向：「我會於〔時間〕，在〔地點〕進行〔行為〕。」
1.3	運用習慣堆疊：「做完〔目前的習慣〕之後，我會執行〔新的習慣〕。」
1.4	設計所處的環境，讓好習慣的提示顯而易見。
法則 2	**讓習慣有吸引力**
2.1	運用誘惑綑綁，將「想要」的行為與「需要」的行為配對。
2.2	加入一個把你想要的行為視作常態的文化。
2.3	創造一個動機儀式：在執行困難的習慣之前，做一件你很享受的事。
法則 3	**讓行動輕而易舉**
3.1	降低阻力，減少你與好習慣之間的步驟。
3.2	打造環境，將環境準備好，讓未來的行動比較容易執行。
3.3	掌握決定性瞬間，將每個能產生巨大影響的小選擇最佳化。
3.4	運用兩分鐘法則，把習慣縮減到能在兩分鐘之內完成。
3.5	讓習慣自動化，投資能鎖定未來行為的科技或一次性採購。
法則 4	**讓獎賞令人滿足**

如何戒除壞習慣

法則 1 的反轉	讓提示隱而不現
1.5	減少接觸，把壞習慣的提示從所處的環境中移除。
法則 2 的反轉	**讓習慣毫無吸引力**
2.4	重新建構你的心態，強調避免壞習慣的益處。
法則 3 的反轉	**讓行動困難無比**
3.6	提高阻力，增加你與壞習慣之間的步驟。
3.7	運用承諾機制，把未來的選擇限制在對你有益的那些。
法則 4 的反轉	**讓後果令人不滿**

—法則4—

讓獎賞令人滿足

15 行爲改變的基本原則

一九九〇年代後期，一位名叫史蒂芬・盧比的公衛研究員離開位於內布拉斯加州奧馬哈市的家鄉，買了一張飛往巴基斯坦第一大城喀拉蚩的單程機票。

喀拉蚩是世界上人口數前段班的城市之一，到了一九九八年，已經有超過九百萬人以那裡爲家。它是巴基斯坦的經濟中心與交通樞紐，有該地區最繁忙的機場與港口。在該城的商業區，你會找到標準的城市設施，以及車水馬龍的市中心街道；然而，喀拉蚩也是世界上最不宜人居的城市之一。

喀拉蚩有超過六成居民住在貧民窟與非法占用的聚落，這些人口稠密的區域滿是由舊木板、煤渣塊及其他廢棄物胡亂組成的臨時房屋，沒有處理垃圾的系統，沒有輸電網路，沒有乾淨的水。乾的時候，街道是塵土與垃圾的集合處；濕的時候，街道成了積滿汙水的泥坑。蚊子在一灘一灘的死水裡孳生，孩子在垃圾堆中嬉戲。

不衛生的條件導致疾病廣泛傳播。受汙染的水源造成腹瀉、嘔吐與腹痦的流行，而住在那裡的小孩，接近三分之一營養不良。這麼多人擠在這麼小的空間裡，病毒與細菌傳播的速度飛快。就是這樣的公衛災難，把史蒂芬．盧比帶到巴基斯坦。

盧比和他的團隊意識到，在一個衛生條件極差的環境裡，光是洗手這個簡單的習慣就能為居民的健康帶來很大的影響。但他們很快便發現，當地有許多人早就清楚洗手的重要性。

然而，即使知道，許多居民仍然用很隨便的方式洗手。有些人只是把手快速掠過水龍頭下方，碰個水而已，有些人只洗一隻手，而許多人在準備食物之前根本忘記洗手。每個人都說洗手很重要，但很少人養成洗手的習慣。問題不在於知不知道，而在於有沒有確實執行。

於是，盧比的團隊與寶僑公司合作，提供舒膚佳香皂給當地居民使用。比起一般肥皂，舒膚佳香皂用起來比較「享受」。

「在巴基斯坦，舒膚佳是頂級香皂。」盧比告訴我，「研究的參與者時常提到他們多麼喜歡這款香皂。」舒膚佳容易起泡，人們就可以在雙手塗滿肥皂泡沫，而且它聞起來很香。一夕之間，洗手變得比較令人愉悅了。

「我沒有把宣傳洗手這個目標看作行為的改變，而是看作習慣的採用。」盧比說，「比起採行一項不會提供令人愉悅的感官回饋的習慣，例如使用牙線，要人們採用可以提供強烈正面感官體驗的產品容易多了，例如薄荷口味的牙膏。寶僑的行銷團隊表示，目標是創造正面的洗手經驗。」

幾個月內，研究人員就發現該區域孩童的健康很快有了改變：腹瀉的發生率下降百分之五十二，肺炎的發生率下降百分之四十八，膿疱症（一種皮膚的細菌感染）發生率則下滑百分之三十五。

長期效應更佳。盧比告訴我：「我們在六年後回到喀拉蚩採訪，當初獲得免費香皂、被鼓勵洗手的家庭中，百分之九十五都有了放著肥皂的自來水洗手臺……這五年多來，我們沒有提供任何香皂給實驗組，但在之前的實驗中，他們已經很習慣洗手了，所以繼續維持下去。」這十分有力地證明了行爲改變第四法則：**讓獎賞令人滿足**。

當體驗令人滿足，我們比較有可能重複某一行爲。這全然合乎邏輯。愉悅的感受——就算只是用又香又容易起泡的肥皂洗手這種小愉悅——是給大腦的信號：「這感覺很好，下次還要再做。」愉悅感讓你的大腦知道某個行爲値得記住與重複。

以口香糖的故事爲例。整個十九世紀，口香糖都在做商業販售，但直到箭牌口香糖在一八九一年上市，嚼口香糖才成爲風行全球的習慣。早期的口香糖是用相對無味的樹脂製成——有嚼勁，但不好吃。箭牌徹底革新這個產業，加入了白箭（綠薄荷）與黃箭（果汁）等口味，讓產品變得好吃且有趣。接著他們更進一步，開始把嚼口香糖塑造成一種清潔口腔的方式，廣告說口香糖會讓你「口氣清新」。好吃的口味與清新口氣的感覺立即強化了這項產品，讓它用起來令人滿意。消費量飆升，箭牌也成了世界上最大的口香糖公司。

牙膏的發展軌跡也很類似。爲產品增添綠薄荷、薄荷和肉桂等風味之後，生產商大爲成功。這些味道其實沒有讓牙膏變得更有效，只是創造了「口腔清潔」的感覺，並且讓刷牙的經驗更令人覺得愉快。我老婆就因爲不喜歡口中留下的味道而停止使用舒酸定牙膏，改用薄荷味較強的品牌，結果確實比較令她滿足。

反過來說，倘若一個經驗不令人滿足，我們就沒什麼理由重複。研究過程中，我遇到一個女人，她有個超自戀的親戚，總是令她抓狂。爲了少花時間跟自大狂相處，每當這個親戚在場時，她都盡可能讓自己無聊乏味。見面幾回之後，這個親戚開始迴避她，因爲覺得她太無趣了。

這些故事證明了行爲改變的基本原則：**帶來獎賞的行為會被重複，帶來懲罰的行為會被避免。**根據過去得到獎賞（或懲罰）的經驗，我們學會未來怎麼做。正面情緒培養習慣，負面情緒摧毀習慣。

行爲改變的前三條法則——讓提示顯而易見、讓習慣有吸引力、讓行動輕而易舉——增加了我們**這一次**執行某個行爲的機率。行爲改變的第四條法則——讓獎賞令人滿足——則增加我們**下一次**重複該行爲的可能性。習慣迴路就這樣完成了。

但是，有個訣竅：不是任何一種滿足都好，我們追求的是**立即的滿足**。

立即獎賞與延遲獎賞之間的不一致

想像自己是漫步於非洲大草原上的動物——長頸鹿、大象或獅子——任何一個日子裡，你的決定大多會立刻產生影響。你一直想著要吃什麼，或者要在哪裡睡覺，或者如何躲避獵食者，總是把焦點放在當下或非常近的未來。你活在科學家所謂「立即回饋」的環境裡，因爲你的行爲會馬上帶來明確的結果。

現在，回到你的人類身分。生活在現代社會裡，你做的許多選擇都**不會**馬上帶來好處。在工作上表現優異，你會在幾週後收到薪水支票；今天運動，也許明年就不會過重；現在開始儲蓄，也許幾十年後就有足夠的錢享受退休生活。你活在科學家所謂「延遲回饋」的環境裡，因爲可能要努力多年之後，你的行爲才能帶來你想要的報償。

人類的大腦並沒有爲延遲回饋的環境演化。二十萬年前的晚期智人是最早擁有相對類似現代人大腦的人類，尤其是新皮質——大腦最晚演化出來的部位，負責語言等高階功能——跟現代人的尺寸差不多，二十萬年來大致沒有改變。配備著舊石器時代硬體的我們，生活在現代社會。

直到近期——約莫最近五百年——以延遲回饋的環境爲主的社會才成形❶。比起大腦的年紀，現代社會還很新。最近一百年，我們見證了汽車、飛機、電視、個人電腦、網路、智慧型手機，以及碧昂絲的出現。這個世界在近幾年變動很大，人類的天性卻沒有太大的改變。

跟非洲大草原上的其他動物一樣，我們的祖先整天都在回應生死攸關的威脅，確保下一餐的食物，設法在風雨中找到遮蔽之處，因此，把立即的滿足看得很重也是理所當然，遙遠的未來比較不必顧慮。而生活在立即回饋的環境中幾千代之後，我們的大腦演化爲喜歡快速報償勝過長遠報償。

行爲經濟學家把這種傾向稱爲「時間不一致性」：大腦對報償的評價隨著時間不同而不一致❷。比起未來，你更看重當下。這種傾向通常對我們有益。當下**確定有**的獎賞，其價值通常比未來**可能有**的獎賞高。然而，我們對立即滿足的偏好有時會造成問題。

明知道抽菸會增加罹患肺癌的風險，爲什麼有些人還是要抽？明知道過度飲食會增加肥胖的風險，爲什麼有些人還是要大吃？明知道不安全的性行爲可能會讓自己染上性病，爲什麼有些人還是要這樣做？了解大腦如何決定獎賞的優先順序，答案就很明顯了：壞習慣的後果被延遲，其獎賞卻是立即的。吸菸可能會在十年後取你性命，但**現在**就可以爲你降低壓力、解除菸癮；過度飲食長期來說有害，但當下可以滿足口腹之欲；性愛——安全或不安全的——立刻就能提供愉悅，疾病與感染則在幾天或幾週、甚至幾年後才會出現。

隨著時間過去，每個習慣都會帶來多重結果，不幸的是，這些結果往往不一致。壞習慣的立即結果讓人感覺很棒，終極結果卻會讓人感覺很糟；好習慣則是相反，立即的結果不怎麼讓人享受，最終結果卻會讓人感覺很好。法國經濟學家弗雷德里克·巴斯夏爲這個問題提供了清楚的解釋：「當立即的結果讓人喜歡，後來的結果就會帶來災難，反之亦然——幾乎總是如此……一個習慣最初結的果實愈甜美，後來的果實往往愈苦澀。」

換言之，好習慣的代價在當下，壞習慣的代價在未來。

大腦對當下的偏好代表你不能仰賴良好的意圖。當你做了一個計畫——減重、寫書或學語言——其實是在爲未來的自己制訂計畫。而當你設想理想的未來生活，就很容易看見可以帶來長遠利益的行動的價值，因爲我們都想要讓未來的自己過更好的生活。然而，當抉擇的時刻到來，立即的滿足往往成爲贏家。你不再爲了夢想著身材更好、更有錢或更快樂的「未來的自己」做選擇，而是爲了想有飽足感、想被縱容或想被娛樂的

「現在的自己」抉擇。一般來說，一個行爲讓你得到愈多立即的愉悅，你應該愈強烈地質疑該行爲與自己的長遠目標是否一致❸。

對大腦重複或避免某些行爲的原因有了更全面的了解之後，我們來更新一下行爲改變的基本原則：帶來**立即**獎賞的行爲會被重複，帶來**立即**懲罰的行爲會被避免。

人類對立即滿足的偏好揭露了一個關於成功的重要眞相：由於大腦的設定，多數人會花費所有時間追求快速的滿足，比較少人選擇延遲滿足的路，所以如果你願意等候獎賞，就會遇到比較少的競爭，得到的報償也往往比較大。俗話說得好，最後一哩，最不擁擠。

研究正是如此顯示的。擅長延遲滿足的人學術水準測驗考試的成績較高，藥物濫用的機率較低，肥胖的可能性較低，對壓力的回應方式較好，社交技巧較優越。我們都在生活中看見種種例證：如果延遲看電視的時間，先把功課做好，你通常會學到更多東西，獲得更好的成績；假如在商店不買甜點和洋芋片，回到家之後往往會吃比較健康的食物。在某個時間點，幾乎每個領域的成功都需要你爲了未來的報償而忽視立即的獎賞。

問題來了：大多數人都**知道**延遲滿足是有智慧的做法，他們想要好習慣帶來的健康、有生產力、心靈平靜等益處，但在做決定的時刻，這些成果很少會被放在第一優先。幸好，訓練自己延遲滿足是有可能的——但必須順著人性的常理去做，不能逆著。最好的辦法就是為長遠有益的習慣添加一些立即的愉悅，為長遠無益的習慣增添一些立即的痛苦。

如何把「立即滿足」變得對你有利

維持一項習慣的關鍵重點是「成功」的感受，就算只是小規模。成功的感受讓你知道該習慣有所回報，努力是值得的。

理想情況下，好習慣的獎賞就是那個習慣本身；但眞實狀況是，除非好習慣提供你一些什麼，不然你往往感覺不出它是值得的。初期全是犧牲，上了健身房幾次，卻沒有變壯、變瘦或變快——至少察覺不出來；直到幾個月後，當你減掉幾磅，或是手臂的線條開始出現，為了運動而運動才會變得比較容易。一開始，你需要一個維持正軌的理由，這就是為什麼立即的獎賞不可或缺。當延遲的獎賞在不引人注目的地方累積時，這些立即的獎賞可以助你保持亢奮。

討論立即的獎賞時，我們所說的其實是一項行為的結尾。任何經驗的結尾都很重要，因為比起其他階段，我們往往把結尾記得最清楚。所以，必須讓習慣的結尾令人滿足。最好的方法是**強化**，也就是運用立即的獎賞提高一項行爲被執行的機率。第五章提到的習慣堆疊是將習慣與立即的提示連結在一起，讓開始執行的時機顯而易見；強化法則把習慣跟立即的獎賞綁在一起，讓你在結束時感到滿足。

處理想要避免的習慣——也就是想要停止的行爲——時，立即的強化尤其有用。堅守「不要隨便花錢」或「一個月滴酒不沾」這類習慣可能頗具挑戰性，因爲當你略過酒吧的減價時段或不買某雙鞋子時，什麼事情都沒發生。本來就沒有行動時，很難讓人感到滿足。你所做的只是抵抗誘惑，這沒什麼好令人滿足的。

一個解決方法是把情況顚倒：讓**避免**變得可見。開一個存款帳戶，並以自己想要的某樣事物命名（也許是「皮外套」），然後每跳過一樣東西不買，就在那個帳戶裡存進同等金額的錢。早餐沒點拿鐵？轉五美元進去；下個月不訂購Netflix？轉十美元進去。這就像是爲自己創造一個紅利積點方案。看見自己因爲存錢而離皮外套更進一步，這種立即的獎賞會讓你感覺良好，而不是覺得被剝奪。你讓無所作爲變得令人滿足。

我的一個讀者和他的妻子採用了相似的策略。他們想要盡量不外食，多在家裡煮東西吃，於是開了一個名爲「歐洲之旅」的帳戶，每跳過一頓外食，就轉五十美元進去；到了年底，他們就把存下來的錢拿來度假。

值得注意的是，選擇的短期獎賞必須能夠強化你的身分認同，不能與之牴觸。如果你想要減重或閱讀更多書，買一件皮外套沒問題；但如果你的目標是減少開支與存錢，這個獎賞就行不通了。你可以選擇以泡泡浴或優閒散步來犒賞自己作爲替代，這樣就與你想要更多自由與財務獨立的終極目標一致了。同理，若是你用吃冰淇淋來獎勵運動完的自己，等於投票給相牴觸的身分認同，到頭來只是正負相抵而已；反之，你可以選擇用按摩當作獎賞，既享受又符合照顧身體的目標，這樣一來，短期獎賞就與成爲一個健康的人的長期願景一致了。

最後，當較好的心情、較多的能量與較低的壓力等內在獎賞登場，你就比較不會忙於追求次要獎賞了。身分認同本身成了強化物，你會這麼做，是因爲你就是這種人，做自己感覺很好。習慣愈是成爲你生活的一部分，你愈不需要外在的鼓勵來協助你貫徹。動機讓你開啓習慣，身分認同讓你維持習慣。

不過，證據的累積與新身分認同的出現都需要時間。在等待長期獎賞出現時，立即的強化能幫助你在短期內保持動機。

總而言之，一項習慣必須讓人覺得愉快，才能持續下去。一點簡單的強化——例如好聞的香皂、有清新薄荷味的牙膏，或是看見帳戶裡多了五十美元——能夠提供所需的立即愉悅感，讓你享受一項習慣。而當改變令你覺得愉快、享受時，想要改變就很容易了。

本章總覽

- 行為改變第四法則，是「讓獎賞令人滿足」。
- 當經驗令人滿足，我們比較有可能重複一項行為。
- 人類的大腦演化為優先考慮立即的獎賞，而不是延遲的獎賞。
- 行為改變的基本原則：帶來立即獎賞的行為會被重複，帶來立即懲罰的行為會被避免。
- 維持一項習慣的關鍵重點是「成功」的感受——就算只是小規模。
- 行為改變的前三條法則——讓提示顯而易見、讓習慣有吸引力、讓行動輕而易舉——增加了我們這一次執行某個行為的機率。行為改變的第四條法則——讓獎賞令人滿足——則增加我們下一次重複該行為的可能性。

❶一萬年前農業出現，農夫開始種植作物，期待數月後的收成，可能從此讓人類踏入延遲回饋的環境。然而，直到最近幾世紀，我們的生活才充滿延遲回饋的選擇：生涯規畫、退休規畫、度假規畫，以及占據我們行事曆的種種計畫。

❷時間不一致性也被稱為「雙曲貼現」。

❸這也會讓我們的決策脫軌。大腦會高估任何看似立即的威脅，但幾乎不可能發生的事，例如小亂流導致墜機、獨自在家時竊賊入侵、搭乘的公車被恐怖分子炸毀；同時，大腦會低估看似遙遠，但其實很有可能發生的威脅，例如吃垃圾食物穩定累積的脂肪、久坐辦公室逐漸導致的肌肉萎縮、不整理慢慢造成的雜物囤積。

16 如何每天堅持好習慣

一九九三年，加拿大亞伯斯福市的一家銀行雇用了二十三歲的股票經紀人特倫特·德斯米德。多數大生意都在溫哥華進行，在這座鄰近大城的陰影下，亞伯斯福只算個小郊區。考量到地點偏遠及德斯米德的菜鳥身分，沒有人對他抱太大的期望。然而，因為一個簡單的日常習慣，他進步神速。

每天早晨，德斯米德會把兩個罐子放在辦公桌上，一個是空的，另一個則放了一百二十個迴紋針。每天一做好開工的準備，他就會打一通業務拜訪電話；講完電話，他會馬上把一個迴紋針移到空罐中，然後再重複整個過程。他告訴我：「每天早上，其中一個罐子裡都放了一百二十個迴紋針，然後我會一直打電話，直到所有的迴紋針都被移到另一個罐子裡。」

不到十八個月，德斯米德就為公司賺進五百萬美元；到了二十四歲，他的年薪高達七萬五千美元——相當於今天的十二萬五千美元。不久之後，他就在另一間公司找到一份年薪六位數的工作。

我喜歡將此技巧稱為「迴紋針策略」，多年來，我聽到許多讀者以各種方式運用這個技巧。有個女人只要寫完一頁書，就會把一根髮夾從一個容器移到另一個容器；有個男人只要做完一組伏地挺身，就會把一顆彈珠從一個盒子放到另一個盒子。

進步令人滿足，視覺上的測量——例如移動迴紋針、髮夾或彈珠——則提供了你有所進步的清楚證據。結果，這些東西強化了你的行為，並為任何活動增添了一點點立即的滿足感。視覺測量有許多形式，例如食物日誌、健身日誌、集點卡、軟體下載時的進度條，甚至是一本書的頁碼。不過，測量進步最好的方式，也許是**習慣追蹤器**。

習慣追蹤幫助你維持習慣

習慣追蹤器是測量自己有沒有執行習慣的簡單方法，最基本的形式就是找一本日曆，只要有執行例行事務，就在那天打個勾。舉例來說，如果你在週一、週三與週五靜心，這些日期上就會有個勾。隨著時間過去，這本日曆就成了你連續執行習慣的紀錄。

無數的人都會追蹤自己的習慣，但其中最有名的也許是班傑明．富蘭克林。他從二十歲開始隨身帶著一本小冊子，追蹤十三項美德，包括「不要浪費時間，永遠忙於有益之事」與「避免言不及義的談話」等。就寢之前，富蘭克林會打開小冊子，記錄自己進步的程度。

據說，傑瑞・史菲德也用習慣追蹤器來讓自己持續寫笑話。在紀錄片《美國喜劇之王》裡，他說自己的目標只是「不要中斷」每天寫笑話的連續紀錄。換言之，他的重點不在於某個笑話有多好或多差，也不在於有沒有靈感，他只是聚焦於自己有做這件事，並延長連續執行的紀錄。

「不要中斷連續紀錄」是個強大的咒語。不要中斷撥打業務拜訪電話的連續紀錄，你就會累積一份耀眼的客戶名單；不要中斷健身的連續紀錄，你就會比預期更快練出好身材；不要中斷創作的連續紀錄，你就會有令人印象深刻的作品集。習慣追蹤的力量很強大，因爲用上了好幾條行爲改變法則：它同時讓一項行爲顯而易見、有吸引力，且令人滿足。

容我逐一分解。

好處一 習慣追蹤顯而易見

記錄上一個行動，可以創造觸發下一個行動的因子。習慣追蹤會自然而然建立起一系列的視覺提示，例如日曆上的勾或食物日誌上的餐點。當你在日曆上看見自己的連續紀錄，就會記得要繼續做。研究顯示，在減重、戒菸及降低血壓等目標上，有記錄自身進展的人比沒記錄的人更可能有所改善。一項擁有超過一千六百名受試者的研究發現，比起沒有記下自己吃了些什麼的人，有寫食物日誌的人減掉的體重將近兩倍。光是追蹤行爲這個動作就能激發改變的動力。

習慣追蹤也讓你對自己誠實。多數人對自身行爲有著扭曲的觀點，總是過度美化自己的作爲。測量提供了一個方式，讓我們克服對自身行爲的盲目，注意到每天眞正發生了些什麼。瞥一眼容器裡的迴紋針，你馬上就知道自己已經做了多少，或者還有多少沒做。證據擺在眼前，就比較不容易自欺。

好處二　習慣追蹤有吸引力

最有效的激勵就是自己的進步。知道自己正在前進，就更有動力在那條路上繼續走下去。透過這種方式，習慣追蹤可以產生一種成癮效果，每個小勝利都餵養著你的渴望。

這在狀態不佳的日子裡尤其有用。心情低落時，很容易忘記自己已經有了多少進展。習慣追蹤爲你的努力提供視覺證明，巧妙地讓你知道自己已經走了多遠。此外，每天早上看到還沒打勾的空格，你就會獲得開始的動力，因爲你不想中斷連續紀錄，影響進步。

好處三 習慣追蹤令人滿足

這是所有好處之中最重要的。追蹤本身可以變成一種獎賞，在待辦事項清單上劃掉一件事、在健身日誌上完成一組訓練、在日曆上打一個勾，這些事情都能提供滿足感。看著成果增長——投資組合的規模、書稿的頁數——讓人感覺很棒，於是堅持下去的可能性就會更高。

習慣追蹤還能幫助你專注於當下所做的事：把焦點放在過程，而非結果。你不再執著於練出六塊腹肌，而只是試圖讓連續紀錄延續下去，成爲從不錯過健身行程的那種人。

總而言之，習慣追蹤：一，創造提醒你去行動的視覺提示；二，本質上有激勵效果，因爲看見自己的進步之後，你就會努力延續紀錄；三，在你每次記下執行習慣的成功例子時帶來滿足感。此外，習慣追蹤也提供視覺證據，讓你知道你投票給自己想要成爲的那種人，這本身就是一種令人愉悅的立即內在滿足[1]。

你也許會納悶，既然習慣追蹤如此有用，我怎麼拖到這麼晚才講？

儘管習慣追蹤的好處多多，我之所以行筆至此才討論，只有一個簡單的原因：許多人抗拒追蹤與測量的概念。這感覺像是一種負擔，因爲它逼你養成**兩種**習慣：你試著建立的習慣，以及追蹤的習慣。當節食已經夠難了，計算卡路里就更顯麻煩；工作都已經做不完了，記下每一通業務拜訪電話更令人煩躁。說句「我會少吃點」「我會更努力」或「我會記得做」比較容易。人們總是告訴我「我有一本決策日誌，但很少在用」或「我曾記錄健身的過程，但一個禮拜之後就不了了之」，我也是過來人，我曾經弄了一本食物日誌來追蹤卡路里的攝取量，結果只記錄了**一餐**，我就放棄了。

並非每個人都適合追蹤，你也不需要一輩子都在測量。不過，幾乎每個人都能以某種方式受益於此——就算只是暫時。

那麼，該怎麼做才能讓追蹤變得簡單一點？

首先，測量應該盡可能自動化。你可能會很訝異自己早已在不知不覺間追蹤了多少事情：信用卡追蹤了你的外食頻率，Fitbit之類的智慧運動手表或手環記錄你走了多少步、睡了多久，行事曆記下你每年造訪了多少新地點。只要知道去哪裡取得數據，就在行事曆上記下來，提醒自己每週或每個月去查看。比起每天追蹤，這樣的可行性比較高。

第二，手動追蹤應該限於最重要的事。比起斷斷續續追蹤十個習慣，持續追蹤一項習慣比較好。

最後，執行習慣之後立刻記下。行爲的完成就是記錄的提示，你可以把習慣追蹤與第五章提到的習慣堆疊合併使用。

習慣堆疊加習慣追蹤的公式是：

做完〔目前的習慣〕之後，我會〔追蹤該習慣〕。

- 講完一通業務拜訪電話，我會移動一個迴紋針。
- 在健身房完成一組訓練，我會記錄在健身日誌上。
- 把碗盤放進洗碗機之後，我會寫下自己剛剛吃的食物。

這些策略能讓習慣追蹤變得比較容易。就算你不是喜歡記錄自身行爲的那種人，我想，光是幾週的測量也能爲你帶來深刻的理解。畢竟，看看自己到底如何花用時間，是一件很有趣的事。

然而，任何習慣的連續紀錄總會在某處終結。所以，比起任何單一的測量，在習慣脫離正軌時擁有一個好的應變計畫更爲重要。

如何在習慣中斷之後快速回復

無論多麼有恆地堅持一項習慣，生活總無可避免地會在某個時候干擾你。完美是不可能的，要不了多久，某個緊急事件就會突然發生——生病了、必須赴外地出差，或是家人占用了你更多時間。

每當這種情況發生，我就會提醒自己守住一個簡單的原則：**不要錯過兩次。**

如果錯過一天，我會盡快重回正軌。錯過一次健身難免，但我不會允許自己連續錯過兩次；也許我會不小心吃光一整份披薩，但下一餐一定改吃健康的餐點。我無法完美，但可以避免貳過。當一段連續紀錄終止，我馬上開始創造下一段。

毀掉你的永遠不會是第一個錯誤，而是後續接連發生的一錯再錯。錯過一次是意外，錯過兩次就是另一項習慣的開始。

這就是贏家與輸家的區別。每個人都可能有水準以下的表現、意興闌珊的健身，或是工作狀態不佳的一天，但成功的人失足時會很快反彈。若能快速重拾習慣，中斷就沒什麼大礙。

這對我來說太重要了，所以就算無法如自己希望的那樣徹底執行一項習慣，我還是會遵守這個原則。面對習慣，我們往往落入「不盡得，則不取」的循環。問題不在於犯錯，而在於以爲只要無法做到完美，就乾脆不要做。

你不知道在狀態不佳（或忙碌）的一天繼續執行你的習慣，有多大的價值。那些錯過習慣的日子對你造成的傷害，比成功執行習慣的日子對你的助益更大。假如從一百元開始存，百分之五十的獲利可以讓你擁有一百五十元；但只要百分之三十三的虧損，就會讓你的財產跌回一百元。換句話說，避免百分之三十三的損失，其價值等同達到百分之五十的獲利。如查理．蒙格所言：「複利的首要原則：非必要，別中斷。」

這就是爲什麼「意興闌珊」的健身往往是最重要的健身。懶得動的日子與狀態不佳的健身讓你維持住先前狀態好的日子裡積攢下來的複利。僅僅做些簡單的運動——深蹲十下、短距離衝刺五回、伏地挺身一次，什麼都好——意義都很重大。不要繳白卷，不要讓虧損侵蝕你的複利。

況且，重點不在於健身時發生的事，而在於成爲不會錯過健身的那種人。動力滿滿的時候去鍛鍊很容易，但不想做的時候還是去做，才是最重要的——就算做的比希望的少。進健身房五分鐘也許不會幫你改善體能，卻可以強化你的身分認同。

論及行爲改變，「不盡得，則不取」的循環只是其中一個可能干擾習慣的陷阱。另一個潛在的危險——尤其在追蹤習慣時——是「測量的東西不對」。

弄清楚何時應該（及何時不該）追蹤一項習慣

假設你是一間餐廳的經營者，想要知道廚師的表現如何，一個測量成就的方法是追蹤每天有多少客人花錢來吃飯。上門的客人多，想必餐點不錯；上門的客人少，想必有什麼地方出了錯。

不過，這個測量方式——每日營收——只能讓你看見片面的事實。付錢吃飯不代表吃得開心，就算不滿意，客人也不太可能吃霸王餐。事實上，倘若單單執著於營收，餐點的品質可能愈來愈糟，而你卻用行銷、打折或其他手法攬客，試圖補足營收。反之，比較有效的方法應該是追蹤有多少客人吃完餐點，或是留下可觀的小費。

追蹤某個特定行爲的缺點就是：我們有時會追逐數據，而非數據背後的目的。如果你的成就取決於每一季的營收，你就會因此去優化銷售額、收入及會計數字；如果你的成就取決於體重計上的數字，你就會爲了讓數字減少而努力，即使那意味著採用急速減重法、燃脂藥丸或冷壓果汁排毒。無論玩什麼遊戲，人心就是想「贏」。

這個陷阱在生活中隨處可見。我們把重點放在長時間工作，而不是完成有意義的工作；我們在乎走一萬步，勝過關心健康；我們教學生如何在標準化考試中取得高分，而不強調學習、好奇心及批判性思考。簡言之，我們爲了自己所測量的東西而拚命。而當我們選擇的測量方式錯了，行爲就會跟著錯。

這有時被稱爲古德哈特定律，因經濟學家查爾斯．古德哈特而得名。此定律指出：「當測量成了目標，就不再是個好的測量方式。」**測量只有在引導你、助你看清全局，而不是消耗你心神的時候，才對你有用。**每個數字都只是整體系統中的一個回饋而已。

在這個受數據驅動的世界，我們很容易高估數字的價值，低估任何短暫、軟性、難以量化的事物。我們誤以爲能夠測量的因子，就是唯一存在的因子。然而，可以測量一樣事物，不代表那就是最重要的；同理，無法測量一樣事物，也不代表它就一點都不重要。

這一切是要告訴我們，把習慣追蹤放在正確的位置極爲重要。追蹤習慣與記錄進展可以讓人覺得滿足，但測量並非唯一重要的事。此外，有許多方法可以測量進展，有時把焦點轉移到全然不同的事物上，也會有幫助。

這就是爲什麼「非量化成就」對減重有效。體重計上的數字也許很頑固，動都不動，所以如果只聚焦於此，你的動力會被消磨殆盡。但是，你也許注意到自己的皮膚狀態變好、起床時間變早，或是性欲提升了，這些都是追蹤進展的有效方式。如果體重計上的數字無法給你動力，也許該把焦點轉移到不同的測量方式了——讓你更能看見自身進展的方式。

無論你是如何測量進展，習慣追蹤都提供了一個簡單的方式，讓你把習慣變得更令人滿足。每一次的測量都提供了一個小證據，讓你知道自己正往正確的方向前進，也帶來一份短暫的立即愉悅，讓你犒賞自己。

本章總覽

- 最令人感到滿足的感覺之一，就是進步的感覺。
- 習慣追蹤器是測量自己有沒有執行某項習慣的簡單方式——例如在日曆上打一個勾。
- 藉由提供進步的清楚證據，習慣追蹤器與其他視覺化的測量方式可以讓習慣變得令人滿足。
- 不要中斷連續紀錄，試著讓連續執行習慣的紀錄延續下去。
- 不要錯過兩次。如果錯過一天，就盡快回歸正軌。
- 可以測量一樣事物，不代表那就是最重要的東西。

❶有興趣的讀者可以上「圓神書活網」（www.booklife.com.tw）搜尋「原子習慣」這本書，進入單書網頁後，即可找到下載「習慣追蹤範本」的連結。

17 問責夥伴作用大

曾在第二次世界大戰擔任飛行員的羅傑·費雪，戰後到哈佛法學院就讀，花了三十四年時間研究談判與衝突管理。他創立了哈佛談判專案中心，與多國領袖合作處理和平決議、人質危機及外交妥協。但直到一九七〇至八〇年代，當核戰威脅愈演愈烈，費雪才發展出他個人最有意思的想法。

當時的費雪正專注於設計避免核戰的策略，他注意到一個令人不安的事實：任何一位在任總統都持有發射核彈的密碼，可以瞬間殺死幾百萬人，卻因爲身處數千哩之外而不用親眼看見任何人死亡。

「我的提議很簡單，」他在一九八一年寫道，「把發射核彈的密碼放進一個膠囊裡，再把那個膠囊植入一名志願者的心臟旁。這名志願者隨身攜帶一把大屠刀，伴隨總統之側。假如總統想要發射核武，只能先親手殺掉這個人。總統會說：『喬治，我很抱歉，但有好幾千萬人必須死。』他必須直視某人，明白死爲何物——明白無辜的死爲何物。鮮血會灑在白宮的地毯上，眞實會被擺在眼前。

「當我把這個建議告訴五角大廈的朋友，他們說：『我的天啊，這太可怕了。必須親手殺死某人會扭曲總統的判斷，他也許永遠不會按下發射鈕。』」

在討論行爲改變第四法則的過程中，我們談到讓好習慣帶來立即滿足感的重要性。費雪的提議則是第四法則的反轉：**讓後果立即令人不滿**。

當結尾令人滿足，我們比較有可能重複那個經驗；同理，當結尾令人痛苦，我們就比較有可能避免那個經驗。痛苦是效能卓越的老師。當失敗令人痛苦，就會被修正；反之，當失敗比較不令人痛苦，往往會被無視。錯誤的代價愈大、愈立即，我們就能愈快從中學習。負評的威脅讓水電工必須把工作做好，顧客從此不再上門的可能性迫使餐廳端出好食物，切錯血管的後果令外科醫師精通人體解剖學並謹愼下刀。後果嚴重，人就學得快。

痛苦愈立即，行爲發生的可能性愈低。若想要避免惡習、根除不健康的行爲，那麼，爲該行爲加上**立即的代價**，是降低發生率的絕佳做法。

我們之所以重複惡習，是因爲它們在某方面對我們有用，這讓惡習變得難以擺脫。就我所知，克服這個困境最好的方法，就是**加快與該行為相關的懲罰到來的速度**。行爲與後果之間不能有太大的時間差。

行爲若會招致立即的後果，就會開始改變。因爲遲繳會有罰款，顧客準時付帳；因爲出席率影響成績，學生會出現在教室裡。爲了避免一點點立即的痛苦，我們願意赴湯蹈火。

當然，這有其限制。若想靠懲罰來改變行爲，懲罰的力量必須能與該行爲的力量匹敵。想要有生產力，拖延的代價必須大過行動的代價；想要增進健康，懶散的代價必須大過運動的代價。因爲在餐廳吸菸或沒有做好資源回收而被處以罰金，爲行爲添加了後果。只有在懲罰足夠令人痛苦，並且被確實執行的情況下，行爲才會改變。

一般來說，後果愈切身、有形、具體、立即，愈有可能對個人行爲產生影響；後果愈遙遠、無形、抽象、延遲，對個人行爲產生影響的可能性愈低。

幸好，有個簡單的方法可以爲任何壞習慣添加立即的代價：創造一份**習慣契約**。

習慣契約讓違背承諾變成公開且令人痛苦的事

一九八四年十二月一日，紐約州成爲美國率先通過安全帶法的州。當時，全美只有百分之十四的人有繫安全帶的習慣——但這個狀況將從此改變。

五年之內，全美半數以上的地區有安全帶法；今天，美國的五十州裡有四十九個以法律強制規定汽車乘客繫安全帶。不只是立法，實際繫安全帶的人數也大幅增加。二〇一六年，超過百分之八十八的美國人一上車就繫安全帶。短短三十多年內，數百萬人的習慣徹底翻轉。

法律與法規就是政府運用社會契約改變我們習慣的例子。身爲社會的一分子，我們集體同意遵守某些規則，並集體執行。每當一項新的法規影響了行爲——安全帶法、禁止在餐廳內吸菸、強制資源回收——都是社會契約形塑民眾習慣的例子。群體同意以某種方式行動，個體若不遵守，就會被懲罰。

而就像政府用法律來讓公民負責，你也可以創造一份習慣契約，來讓自己負責。習慣契約是一份口頭或文字的同意書，表明你承諾投入某項特定習慣，以及未能貫徹時會有的懲罰。然後，你要找一到兩人來擔任你的「問責夥伴」，與你一同簽署這份契約。

田納西州納許維爾市的企業家布萊恩．哈里斯，是我見到把這項策略付諸實踐的第一人。兒子出生後不久，哈里斯就意識到自己想要減掉幾磅。於是，他與妻子及私人教練共同簽署了一份習慣契約，第一版寫著：「布萊恩在二〇一七年第一季的首要目標，是再次開始執行正確的飲食，好讓自己感覺更好、看起來更好，並且達成體重兩百磅與體脂率百分之十的長期目標。」

在這段聲明底下，哈里斯提出達到理想成果的計畫：

■第一階段：在第一季重拾嚴格的「低碳水化合物飲食法」。
■第二階段：在第二季開始仔細追蹤主要營養素。
■第三階段：在第三季維持飲食與健身計畫，並加以改善。

最後，他寫下每一個可以幫助他達標的日常習慣，例如：「記下每日所吃的食物，並且每天量體重。」

接著，他列出失敗時的懲罰：「如果布萊恩沒有做到這兩項，下列懲罰將被執行：他必須在當季剩餘的每一個上班日與週日早晨穿著正式服裝。正式服裝的定義是不能穿牛仔褲、T恤、帽T或短褲。此外，若有一天忘了記錄所吃的食物，他還必須給喬伊（他的私人教練）兩百美元，隨他花用。」

在契約書下端，哈里斯、他的妻子及私人教練都簽了名。

我的第一個反應是，這種契約似乎太過正式，有點不必要，尤其是簽名的部分，但哈里斯讓我明白，簽名意味著認眞。他說：「每次跳過簽名這個步驟，我幾乎都會馬上懈怠。」

三個月之後，當哈里斯完成第一季的要求，他便把目標升級，後果的強度也隨之提升：要是沒能達成碳水化合物與蛋白質的目標，他就必須給教練一百美元；要是某天忘了量體重，他就必須給老婆五百美元。而最令他感到痛苦的懲罰也許是：如果他忘記做短距離衝刺，就必須每天穿著正式服裝上班，並且在當季剩餘的時間裡，每天都要戴阿拉巴馬大學隊的帽子——那是他所支持的奧本大學隊的宿敵。

這項策略見效了。有妻子與教練擔任問責夥伴，還有那份習慣契約清楚說明了每天應該做的事，哈里斯成功減重了[1]。

要讓壞習慣令人不滿，最好的選擇就是讓它們在當下令人痛苦，而習慣契約正是為此而生的簡單做法。

就算不想擬訂一份完整的習慣契約，光是擁有一位問責夥伴也很有用。喜劇演員趙牡丹每天都會寫一則笑話或一首歌，她是跟一個朋友玩這個「一日一首歌」的挑戰，這讓他們兩人都負起責任。知道有人在看著，會是個強大的動力，你會比較不可能拖延或放棄，因為會有立即的代價。假如你沒有貫徹，他們也許會認為你不值得信任或懶散。突然之間，你不單沒能對自己堅持承諾，也沒能對其他人信守承諾。

你甚至可以將此過程自動化。科羅拉多州波德市的企業家湯瑪斯．法蘭克規定自己每天清晨五點五十五分起床，如果沒做到，他排定了一條自動發布的推特訊息：「現在是六點十分，而我還沒起床，因爲我超懶！就當作我的鬧鐘沒有壞掉，回應這則推文，就可以透過PayPal領取五美元（限前五名）。」

我們總是試圖對這個世界展現最好的自己。我們梳頭髮、刷牙、悉心打扮，因爲知道這些習慣可能會得到正面回應；我們想要有好成績、從頂尖學府畢業，好讓朋友、家人、未來的老闆或伴侶留下深刻印象。我們在乎周遭人的意見，因爲得到他們的喜歡很有助益，這就是爲什麼找到一個問責夥伴或簽署一份習慣契約如此有效。

本章總覽

- 行為改變第四法則的反轉，就是「讓後果令人不滿」。
- 我們比較不可能重複會令人不滿或痛苦的壞習慣。
- 問責夥伴能為「不作為」創造立即的代價。我們深深在乎他人如何看待自己，不希望別人對我們抱持較差的評價。
- 習慣契約可以被用來為任何行為添加社會代價，它讓違背承諾變成一件公開且令人痛苦的事。

■ 知道有人在看著，會是個強大的動力。

❶有興趣的讀者可以上「圓神書活網」（www.booklife.com.tw）搜尋「原子習慣」這本書，進入單書網頁後，即可找到下載「習慣契約範本」的連結。點進去之後可以看到布萊恩·哈里斯使用的習慣契約，以及一份空白範本。

如何建立好習慣

法則 1	讓提示顯而易見
1.1	填寫習慣記分卡。寫下目前的習慣，好讓自己察覺它們。
1.2	運用執行意向：「我會於〔時間〕，在〔地點〕進行〔行為〕。」
1.3	運用習慣堆疊：「做完〔目前的習慣〕之後，我會執行〔新的習慣〕。」
1.4	設計所處的環境，讓好習慣的提示顯而易見。
法則 2	**讓習慣有吸引力**
2.1	運用誘惑綑綁，將「想要」的行為與「需要」的行為配對。
2.2	加入一個把你想要的行為視作常態的文化。
2.3	創造一個動機儀式：在執行困難的習慣之前，做一件你很享受的事。
法則 3	**讓行動輕而易舉**
3.1	降低阻力，減少你與好習慣之間的步驟。
3.2	打造環境，將環境準備好，讓未來的行動比較容易執行。
3.3	掌握決定性瞬間，將每個能產生巨大影響的小選擇最佳化。
3.4	運用兩分鐘法則，把習慣縮減到能在兩分鐘之內完成。
3.5	讓習慣自動化，投資能鎖定未來行為的科技或一次性採購。
法則 4	**讓獎賞令人滿足**
4.1	運用強化法。完成習慣時，給自己一個立即的獎賞。
4.2	讓「不作為」變得令人愉快。要避免一項壞習慣時，設計一個方法讓自己看見益處。
4.3	運用習慣追蹤器。追蹤執行習慣的連續紀錄，然後「不要中斷」。
4.4	不要錯過兩次。當你忘記執行某項習慣，要確保自己立刻重回正軌。

如何戒除壞習慣

法則 1 的反轉	讓提示隱而不現
1.5	減少接觸，把壞習慣的提示從所處的環境中移除。
法則 2 的反轉	**讓習慣毫無吸引力**
2.4	重新建構你的心態，強調避免壞習慣的益處。
法則 3 的反轉	**讓行動困難無比**
3.6	提高阻力，增加你與壞習慣之間的步驟。
3.7	運用承諾機制，把未來的選擇限制在對你有益的那些。
法則 4 的反轉	**讓後果令人不滿**
4.5	找到一位問責夥伴，請對方看著你的行為。
4.6	擬訂一份習慣契約，讓壞習慣的代價變得公開且令人痛苦。

—進階策略—

如何從「A」到「A+」

18 基因如何影響習慣的養成

麥可．菲爾普斯是家喻戶曉的人物，被認爲是史上最偉大的運動員之一。菲爾普斯不僅是贏得最多奧運獎牌的游泳選手，他個人擁有的奧運獎牌數也超越**任何領域**的運動員。

希查姆．艾爾．奎羅伊也是非常傑出的運動員，但比較不爲人所知。這名摩洛哥跑步選手擁有兩面奧運金牌，是史上最優秀的中距離跑者之一。他曾經保持一英里、一千五百公尺，以及兩千公尺的世界紀錄多年，而在二〇〇四年的雅典奧運，他在一千五百公尺與五千公尺的比賽中都摘下金牌。

上述兩位運動員在許多地方有著很大的不同（首先，一個在陸地，一個在水裡），但最明顯的是身高的差異——奎羅伊身高五呎九吋，菲爾普斯則是六呎四吋。儘管身高差了整整七吋，有個數字卻是一樣的：兩人的腿長。

這怎麼可能？原來，以其身高而言，菲爾普斯的腿相對短，軀幹卻非常長，簡直是爲了游泳而生的身形：奎羅伊則是腿超級長，上身比較短，對長跑來說，這是理想的身材。

現在，想像一下這兩名世界級運動員交換運動項目。就算有非凡的運動能力，經過足夠的訓練，菲爾普斯就能成爲奧運等級的長跑者嗎？可能性不高。在身體狀態的巔峰時期，菲爾普斯的體重是一百九十四磅，比只有一百三十八磅的奎羅伊重了百分之四十。比較高大的跑者就是比較沉重的，而在長跑之中，多餘的每一磅都是詛咒。若在跑道上與世界級選手競爭，菲爾普斯在起跑點就已經輸了。

同理，奎羅伊也許是史上最優秀的跑者之一，但若作爲游泳選手，他取得奧運參賽資格的機會不大。從一九七六年算起，男子一千五百公尺賽跑的奧運金牌得主平均身高是五呎十吋，而男子一百公尺自由式的奧運金牌得主平均身高則是六呎四吋。游泳選手通常很高，擁有很長的背部與手臂，利於划水，所以還沒跳進泳池之前，奎羅伊就已經面臨極大的劣勢。

讓成功機率最大化的祕訣就是選對戰場，這個道理適用於運動與商業，也適用於習慣的改變。當習慣符合你天生的傾向與能力，執行起來就比較容易，堅持下去也比較令人滿足。你會想要踏入對自己有利的賽場，就像泳池裡的菲爾普斯與跑道上的奎羅伊。

想要運用這項策略，必須接受一個簡單的事實：每個人天生擁有的能力不同。有些人不喜歡討論這件事。表面上，你的基因是固定的，而談論無法掌控的東西並不有趣；此外，「生物決定論」這樣的名詞聽起來好像是說某些人注定成功，某些人注定失敗。然而，論及基因對行爲的影響，這是個短視的觀點。

基因的長處也是其弱點。基因無法被輕易改變，這代表它們會在有利的條件下提供強大的優勢，也會在不利的環境中帶來嚴重的劣勢。如果你想要灌籃，七呎的身高會很有用；如果你想要表演一套體操的常規動作，七呎的身高就會是很大的阻礙。環境決定了我們的基因適不適合，以及我們天生的能力好不好用。環境一變，決定成功的特質也變了。

這不單指身體的特質，心理特質也一樣適用。如果問我關於習慣與人類行爲的問題，我很聰明；但扯到編織、火箭推進或吉他和弦，我就比較笨了。個人能力在很大程度上取決於所處的環境。

任何競爭場域的頂尖人物都不只是訓練有素，也高度適合該項任務。正因如此，若想要成就眞正的偉大，變成「A^{+}」的人，愼選專攻的領域至關重要。

簡言之，**基因決定的不是你的命運，而是你在哪個領域會有機會。**如同蓋伯．麥特醫師所言：「基因能預先決定傾向，但不能預先決定命運。」在先天容易成功的領域中，習慣比較有可能令人滿足。所以，關鍵在於把你的努力引導至既讓你亢奮又符合你天生技能的領域，讓你的企圖心與能力一致。

你顯然會想問：「要怎麼知道哪個領域對我有利？如何辨認適合我的機會與習慣？」尋找答案的第一步，就是了解自己的性格。

性格如何影響習慣

基因在每個習慣的表面之下運作；其實，應該說每個**行為**的表面之下。研究顯示，基因影響你的一切，從看電視的時數、結婚或離婚的機率，到藥物、酒精或尼古丁上癮的傾向。面對權威時，你有多順從或多叛逆；在壓力之下，你有多脆弱或多不受影響；你有多主動或多被動；甚至是在參加演唱會之類的感官體驗中，你有多入迷或多無聊——在這些事情裡，基因都扮演要角。如同倫敦國王學院的行爲遺傳學家羅伯特．普羅明告訴我的：「到了現在這個階段，我們已經不再探究某項特質是否含有基因成分，因爲根本找不到任何一個不受基因影響的特質。」

一堆獨特的基因特質合在一起，讓你傾向擁有特定性格。所謂性格，就是在不同情境中都維持一致的一組特徵。關於性格特質，最有科學根據的分析被稱爲「五大人格特質」，它將性格特質分解為五種行為光譜。

1.經驗開放性：一端是好奇且具創造力，另一端是謹慎而堅守例行公事。

2.嚴謹性：一端是有條理、有效率，另一端是隨和、隨性。

3.外向性：一端是外向、有活力，另一端是孤僻、保守（就是常聽到的外向者與內向者）。

4.友善性：一端是親切、有憐憫心，另一端是疏離、慣於質疑。

5.神經質：一端是焦慮、敏感，另一端是自信、冷靜、情緒穩定。

這五種性格特質都有生物學上的基礎。舉例來說，嬰兒一出生就能測出其外向性。在育嬰室裡，科學家大聲製造噪音，有些嬰兒會往聲音的方向轉，有些則會撇過頭。研究人員追蹤這些孩子的人生，發現往噪音方向轉的嬰兒長大之後成為外向者的機率較高，而那些撇過頭去的嬰兒長大之後比較有可能成為內向者。

友善性高的人親切、體貼而溫暖，通常也擁有較高的催產素，這種荷爾蒙在社交關係中扮演重要角色、可以提升信任感，也是天然的抗憂鬱劑。很容易想像，催產素較高的人往往會養成寫感謝卡或籌辦社交活動的習慣。

再以神經質爲例。每個人都有這項性格特質，只是程度不同。神經質程度高的人通常比較容易焦慮，也比其他人愛擔心，這項特質與杏仁核過度敏感有關，那是大腦裡負責偵測威脅的部分。換句話說，對環境中的負面提示較爲敏感的人，神經質程度可能比較高。

習慣並非全然取決於性格，但無庸置疑的是，基因把我們推往某一個方向。根深柢固的偏好使得某些行爲對某些人來說比較容易，對其他人來說比較困難。你不必爲這些差異抱持歉意或罪惡感，但你確實需要跟它們合作。舉例來說，嚴謹性低的人天生不太可能有條不紊，所以更需要仰賴環境設計來維持好習慣（順便提醒嚴謹性較低的讀者，我們在第六章與第十二章討論過環境設計這項策略）。

重點是，你應該**配合性格打造習慣**。你可以像健美選手那樣健身，練出明顯的肌肉線條，但如果你喜歡的是攀岩、騎自行車或划船，就按照自己的興趣塑造運動習慣；如果你的朋友遵循低碳水化合物飲食法，但你發現低脂飲食比較適合你，那也很好；如果想要多讀書，不要因爲自己偏好重口味的愛情小說就覺得羞愧，讀你所愛的就對了❶。不需要養成每個人叫你養成的習慣，**選擇最適合你的習慣，而不是最受歡迎的習慣。**

每個習慣都有一個可以爲你帶來喜悅與滿足的版本，把它找出來。若要長久維持，習慣必須讓人覺得愉快、享受，這是行爲改變第四法則背後的核心概念。

針對性格量身打造習慣是一個好的開始，但不是全部。現在，讓我們專心尋找與設計對自身天性有利的情境。

如何找到對自己有利的賽場

要維持動機並感覺成功，學會玩對自己有利的遊戲至關重要。理論上，你幾乎能享受任何事物；實際上，你比較有可能從對自己來說很容易的事物中得到樂趣。在某個領域有天分的人往往比較能勝任該領域的任務，然後因爲做得好而受褒獎。他們之所以保持充沛的活力，是因爲自己能在其他人失敗的領域裡持續進步，並且獲得更好的報酬及更大的機會作爲獎賞，這不只讓他們更快樂，也促使他們繼續產出更高品質的工作成果，形成一個良性循環。

選到正確的習慣，進步就很簡單；選到錯誤的習慣，人生就充滿掙扎、搏鬥。

如何選擇正確的習慣呢？第一步是我們在行爲改變第三法則討論過的：讓行動輕而易舉。很多時候，選到錯誤的習慣，其實就只是選到太困難的習慣。如果習慣很容易執行，你就比較有可能成功；而當你成功了，就比較容易覺得滿足。然而，還有另一個層次需要考慮：如果持續精進，長久下來，任何領域都會變得很有挑戰性。在某個時間點，你必須確定自己處於一個對自身技巧來說正確的賽場。該怎麼確定呢？

最普遍的做法是「試誤」。當然，這項策略有個問題：人生苦短。你沒有時間去嘗試每一種職業、去跟每個中意的單身對象約會，或是練習每一種樂器。幸好有個方法可以解決這個難題——一個被稱爲「開發與善用權衡」的妙法。

在一項新活動的開始，應該有一段開發、探索的時間。在戀愛關係中，那叫約會；在大學裡，那叫博雅課程；在商業上，則叫A／B測試。目標是嘗試多種可能性，研究廣泛的想法，並且撒一張大網。

在這個初始的開發時期之後，把焦點轉移至你找到的最佳解決方案上，但還是要持續偶爾做個實驗。恰當的平衡取決於你的輸贏。假如你正在贏，那就善用、善用、善用；如果你正在輸，那就繼續開發、開發、開發。

長久下來，最有效的做法也許是將百分之八十到九十的時間投注於帶來最佳結果的策略上，然後用剩餘的百分之十到二十的時間繼續開發、探索。Google就以這樣做聞名：它要求員工花百分之八十的上班時間做正職工作，百分之二十的時間則用來做自己選擇的案子，結果造就了大受歡迎的產品，如AdWords與Gmail。

最理想的做法也取決於你擁有的時間。假如你有很多時間——例如一個剛出社會的人——開發比較合理，因爲一旦找到對的事，你仍有大量時間去善用那件事。假如你的時間有限——例如計畫的最後期限已經迫在眉睫——就應該執行目前為止找到的最佳解決方案，試圖產出一些成果。

在開發、探索不同選項時，可以問自己幾個問題，以持續縮小最能滿足自己的習慣與領域的範圍。

什麼事情對別人來說是勞苦，對我來說卻是樂趣？要判別自己是不是做某件事的料，不是看自己愛不愛，而是看你能不能比多數人更不費力地處理那項任務帶來的痛苦。什麼時候大家都在抱怨，你卻樂在其中？你在執行時感受到的痛苦比別人少的工作，就是你生來適合做的工作。

什麼事情讓我忘記時間？「心流」是一種當你極度專注於手邊的工作，以致除此之外的世界都漸漸消失時會進入的心理狀態。這種混合了快樂與巔峰表現的體驗，就是「進入狀態」的運動員與表演者所經歷的。若非在一項工作中得到某種程度的滿足感，幾乎不可能體驗到心流狀態。

什麼事情讓我比一般人得到更多報償？我們隨時都在跟身邊的人比較，當比較的結果對我們有利，行爲才比較有可能讓人覺得滿足。當我開始在自己的網站上寫作時，訂閱電子報的人數增加得很快。我不太確定自己的表現如何，但我知道自己的訂閱人數成長得似乎比某些同事快，這就給了我繼續寫作的動力。

什麼事情對我來說是自然而然的？一下下就好，不要管別人是怎麼教你的，不要管這個社會告訴你什麼，也不要管其他人對你有什麼期待，捫心自問：「什麼事情讓我覺得自然而然？我在什麼時候感覺自己活著？我在什麼時候感覺自己是眞實的？」沒有內在評斷，也不要取悅任何人；沒有事後諸葛，也不要自我批評，只有投入與享受的感覺。當你感覺眞實無僞，就走在正確的方向上。

老實說，這個過程的某些部分純粹是運氣。菲爾普斯與奎羅伊何其幸運，天生擁有社會高度重視的珍稀能力，而且被放在適合這些能力發展的理想環境裡。每個人在地球上的時間都是有限的，我們當中那些眞正傑出的人不只努力，也有幸接觸到對他們有利的機會。

但是，如果不想把一切交給運氣呢？

倘若無法找到對你有利的賽場，就自己創造一個吧。漫畫《呆伯特》的作者史考特·亞當斯說：「每個人至少都能在某些領域透過努力成爲前百分之二十五的菁英。以我自己爲例，我比多數人會畫畫，但絕對算不上藝術家；我的幽默程度不及多數沒能紅起來的脫口秀主持人，但我比大部分人好笑。妙就妙在很少人會畫漫畫又會創作笑話，結合兩者之後，我所做的事才變得稀有。最後，再加上我的商業背景，突然之間，我就有了沒幾個漫畫家可以理解的創作主題。」

當你無法靠著「更好」來贏，可以憑藉「不同」勝出。透過結合自己的各項技能，你把競爭程度降低，讓自己更容易出頭。藉由重寫規則，你可以繞過基因優勢（或多年練習）這樣的需求，開闢一條捷徑。好的選手奮力贏得每個人都參加的比賽，傑出的選手創造出一個凸顯自身優勢、掩蓋自身弱點的新賽局。

大學時期，我設計了自己的主修：生物力學。那是物理學、化學、生物學與解剖學的組合。我沒有聰明到足以在物理系或生物系的學生裡鶴立雞群，於是我創造了屬於自己的賽場。而且，因爲這樣做很適合我——我只修自己有興趣的課——讀書感覺起來比較不像苦差事。此外，要避開處處跟別人比較的陷阱也相對容易，畢竟沒有人的課程組合跟我一樣，又怎麼決定誰優誰劣呢？

要克服基因不夠優良的「意外」，專業化是個有力的方式。你愈精通某項特定技能，別人就愈難跟你競爭。許多健美選手都比一般的腕力選手強壯，但就算最魁梧的健美選手也可能在腕力比賽中輸掉，因爲腕力高手擁有非常特定的力量。即使你不是最有天賦的，往往還是可以透過在範圍很小的類別中成爲頂尖，來贏得勝利。

滾水會讓馬鈴薯變軟，但會讓雞蛋變硬。你無法控制自己生來是顆馬鈴薯或雞蛋，但你可以決定要比硬，還是比軟。若能找到比較有利的環境，就能翻轉原本對你不利的條件。

如何善用你的基因

基因不會消除努力的必要，而是讓努力的方向變清楚。基因告訴我們要努力去做**什麼**。一旦明白自己的強項，我們就知道該把時間與精力投注於何處，知道要尋找哪些機會、避開何種挑戰。愈了解自身天性，我們就能制訂愈好的策略。

生物學上的差異很重要，但儘管如此，與其跟別人比較，不如把焦點放在你是否發揮了自身潛能還比較有生產力。你在任何特定能力上有著先天限制這個事實，與你是否將自身能力發揮到極限無關。人們太執著於自己「有極限」這件事，以致很少眞正盡力去接近那些極限。

此外，若不付出努力，基因也無法讓你成功。沒錯，健身房裡那些肌肉線條明顯的教練擁有的基因可能比你好，但如果你沒有投入同等分量的訓練，不可能確定自己在基因上拿到的是比較好或比較差的牌。在付出跟你佩服的那些人同等的努力之前，不要把他們的成功歸因於幸運。

總之，要確保習慣可以長期爲你帶來滿足感，最好的方法之一，就是選擇符合你性格與能力的行爲。在對自己來說輕而易舉的事情上努力就對了。

本章總覽

- 讓成功機率最大化的祕訣，就是選對戰場。
- 選到正確的習慣，進步就很簡單；選到錯誤的習慣，人生就充滿掙扎、搏鬥。
- 基因無法被輕易改變，這代表它們會在有利的條件下提供強大的優勢，也會在不利的環境中帶來嚴重的劣勢。
- 符合你天生的能力時，習慣比較容易執行。請選擇最適合自己的習慣。
- 選擇對自身強項有利的賽場。如果找不到，就自己創造一個。

■基因不會消除努力的必要，而是讓努力的方向變清楚。基因告訴我們要努力去做「什麼」。

❶如果那代表反覆讀哈利波特，我懂你。

19 金髮女孩原則：如何在生活與工作中維持動力

一九五五年，迪士尼樂園剛剛在加州的安那翰市開幕，一個十歲的小男孩走進去討一份工作。當年的勞工法規尚不嚴謹，男孩成功謀得一個職位，負責兜售一本五十美分的遊樂園指南。

不到一年，他轉職到迪士尼的魔法商店，在那裡跟比較年長的員工學習魔術。他嘗試對遊客講笑話，表演簡單的魔術。很快地，他就發現自己愛的不是表演魔術，而是表演本身。他立志成爲喜劇演員。

青少年時期，他開始在洛杉磯的幾間小俱樂部表演。觀眾不多，他的演出也很短，上臺時間很少超過五分鐘。大部分的觀眾都忙著喝酒聊天，沒把注意力放在他的表演。有一天晚上，他基本上是對著一個空空如也的俱樂部表演脫口秀。

這並非什麼迷人的工作，但他的進步無庸置疑。他的第一套表演只有一到兩分鐘；到了念高中時，他的題材已經擴張到形成五分鐘的演出；幾年之後，表演的時間增長到十分鐘；十九歲時，他每週上臺演出二十分鐘。他必須在臺上朗讀三首詩來塡充演出時間，但他的技巧確實持續成長。

他又花了十年實驗、調整、練習。他找了一份電視編劇的工作，漸漸地，他開始可以登上脫口秀節目。到了一九七〇年代中期，努力前進的他成了《今夜秀》與《週六夜現場》的固定來賓。

終於，在將近十五年的努力之後，當年那個小男孩成名了。他在六十三天內到六十個城市巡迴表演，接著在八十天內到七十二個城市巡迴演出，然後又在九十天內到八十五個城市表演。某次在俄亥俄州，他的秀吸引了一萬八千六百九十五名觀眾；在紐約的三天演出，則賣了四萬五千張票。他在自身領域登上巔峰，成爲當代最成功的喜劇演員之一。

他的名字叫史提夫．馬丁。

關於如何長久堅持習慣，馬丁的故事提供了一個很有意思的觀點。膽怯的人不適合喜劇。獨自站在舞臺上講笑話，臺下卻沒有一個人在笑——很難想像會有比這個更令人心生恐懼的場景。然而，十八年來，史提夫．馬丁每週都面對這樣的恐懼。如他所言：「十年學習，四年精進，四年紅透半邊天。」

爲什麼有些人，例如馬丁，可以堅持自己的習慣——不管是練習說笑話、畫漫畫或彈吉他——而大部分人卻難以保持動力？要怎麼設計一項不會漸漸消失，而是會一直吸引我們去執行的習慣？科學家已經研究這個問題多年，雖然還有許多未知，目前眾人最一致的發現是：**維持動力並達到欲望最高點的關鍵，就是執行「難度恰到好處」的任務。**

人的大腦熱愛挑戰，但難度必須在最理想的範圍內。假如你喜歡打網球，並試著跟一個四歲小孩認眞打一場，很快就會感到無聊，因爲太簡單了，每一球都是你贏；反之，假如對手是羅傑．費德勒或小威廉絲這種職業高手，你很快就會失去動力，因爲難度太高了。

現在，想像自己跟旗鼓相當的對手打網球。隨著比賽進行，你贏了幾分、輸掉幾分。你很有機會贏得比賽，但必須拿出眞本事。你的專注力提升，讓你分心的事物漸漸消失，你發現自己全然沉浸於眼前的任務。這就是難度恰到好處的挑戰，也是「金髮女孩原則」最好的例子。

根據金髮女孩原則，當執行的任務恰好位在當下能力的邊緣，人便會感受到最高程度的動力。不要太難，也不要太簡單，恰到好處就對了。

馬丁的喜劇演員生涯便是實踐金髮女孩原則的絕佳範例。每一年，他都會擴展表演的長度——但只增加一到兩分鐘。他不斷添加新的題材，但也保留一些必會博得觀眾笑聲的固定笑點。有剛好足夠的成就讓他保持動力，也有剛好足夠的錯誤讓他繼續努力。

開始一項新習慣時，讓行爲盡可能容易執行是很重要的，這樣一來，就算條件不理想，你也能堅持下去。在討論行爲改變第三法則時，我曾經詳細說明這個概念。

然而，一旦建立習慣，重要的是持續產生微小的進步。這些小進步與新的挑戰可以讓你保持投入，若恰好擊中「金髮女孩區」，就能進入「心流狀態」❶。

所謂心流，就是在從事一項活動時全然沉浸其中、「進入狀態」的一種體驗。科學家試圖量化這樣

金髮女孩原則

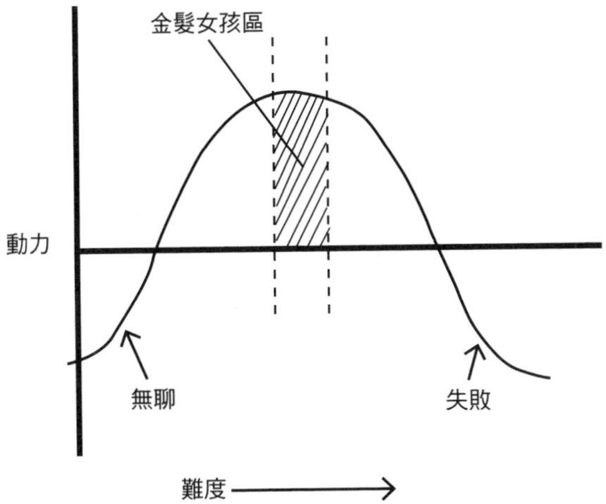

圖15：最高程度的動力出現在你面對難度恰到好處的挑戰時。在心理學研究中，這被稱為「葉杜二氏法則」：動機的強度會在無聊與焦慮中間達到最高點。

的感覺。他們發現，要達到心流狀態，執行的任務必須超出你目前的能力約莫百分之四。現實生活中通常不可能這樣去量化某個行動的難度，但金髮女孩原則的核心概念不變：從事難度恰到好處的挑戰——也就是在你能力邊緣的任務——似乎是保持動力的關鍵。

進步需要一種微妙的平衡。你必須不斷尋找將自己推至極限的挑戰，同時也要持續達成足夠的進展，好讓自己保持動力。要維持吸引力並繼續帶來滿足感，行爲必須保持新鮮。沒了變化，我們就會無聊，而在自我精進的征途上，無聊可能是大魔王。

如何在感到無聊時保持專注

棒球生涯結束後，我開始尋找新的運動。我加入一個舉重團隊，某天，一位菁英級教練造訪我們的健身房。在長久的職業生涯中，他曾與數千名運動員共事，包括幾名奧運選手。我向他自我介紹，然後我們談起進步的過程。

「頂尖運動員跟其他人的差別在哪裡？」我問道，「眞正成功的人做了哪些多數人沒能做到的事？」

他提到幾個意料之中的因素：基因、運氣、天賦。不過，他接著丟出一個我沒料到的答案：「到了某個時間點，一切都歸結到誰能處理每天訓練的無聊，一次又一次，反覆做著相同的舉重動作。」

這個答案讓我訝異，因爲這是看待工作倫理的不同觀點。提到追求目標，人們總是說要「熱血沸騰」。無論是商業、運動或藝術，你總會聽到人們說「最重要的就是熱情」或「你必須眞心渴望」。結果，當我們失去專注力或動力，就會感到沮喪，因爲我們以爲成功人士都擁有深不見底的無盡熱情。但這位教練的意思是，眞正成功的人也會跟一般人一樣覺得沒有動力，差別在於，儘管覺得厭倦、無聊，他們還是設法繼續。

要練習才能精通，但練習得愈多，你愈會覺得某件事變得像例行公事一樣無聊。當初學者該有的進步都做到了，也能預期接下來的事了，我們的興趣就會開始消退。有時這種狀況來得更快。只要連續上幾天健身房或連續幾天準時更新部落格，跳過一天就不會讓你覺得有什麼大不了。既然事情進行得很順利，休一天假感覺起來就更加順理成章。

成功最大的威脅不是失敗，而是無聊。我們之所以對習慣感到厭倦、無聊，是因爲它們不再帶來愉悅感，結果變得可以預期。而當習慣變得平凡無奇，我們就會爲了尋找新鮮感，而讓進步脫離正軌。也許就是因爲這樣，我們才會陷入沒完沒了的循環，從一種健身方式跳到另一種，從一種飲食法跳到另一種，從一種生意跳到另一種。只要覺得動力有一點點下降了，我們就開始尋覓新的策略——就算本來的策略仍然有效。如同現代政治學之父馬基維利指出的：「人類渴望新鮮感的程度之高，讓做得好的人跟做不好的人同樣期待改變。」

也許這就是爲什麼最能讓人養成習慣的產品，多數都能持續提供新鮮感：電玩提供視覺上的新鮮感，垃圾食物提供味覺上的新鮮感，成人影片提供性方面的新鮮感，這些體驗都能持續提供驚奇的元素。

在心理學上，這被稱爲「變動獎賞」❷。現實世界中，吃角子老虎是最常被引用的例子。賭徒三不五時會中獎，但間隔無法預期。獎賞的步調一直在變動，這樣的變動讓多巴胺達到峰值，提升記憶的效果，加速習慣的養成。

變動獎賞不會創造渴望——也就是說，你不能拿一個人們不感興趣的獎賞，以變動的間隔給他們，然後希望這個獎賞可以讓他們改變主意——但對於強化我們原本就有的渴望非常有效，因爲變動獎賞能夠減低無聊。

欲望的甜蜜點出現在成功與失敗的機率各半之時。一半的時間，你得償所願；另一半的時間，你求之不得。你需要恰好足夠的「勝利」來體驗滿足感，也需要恰好足夠的「想要」來感受欲望。這是遵循金髮女孩原則的好處之一。如果你本來就對一項習慣感興趣，從事難度恰到好處的挑戰是讓事情保持有趣的好方法。

當然，並非所有習慣都具有變動獎賞的元素，你也不會想要這樣。假如Google只在某些時候提供有用的搜尋結果，我很快就會改用它的競爭對手；假如Uber接受叫車的機率只有一半，我不認爲自己會繼續使用這項服務；假如使用牙線只在某些時候給我乾淨的口腔，我應該會乾脆不用。

不管有沒有變動獎賞，任何習慣都無法永遠保持有趣。在自我精進的旅途上，到了某個時間點，每個人都會面對同樣的挑戰：你必須愛上無聊。

我們都有想要達成的目標、想要實現的夢想，但無論你試圖在哪方面精進，倘若只在方便或亢奮的時候努力，永遠無法得到非凡的成果。

我可以保證，只要開始執行一項習慣並試圖持之以恆，必定會遇到想要放棄的時候。創業之後，一定會有某些日子你根本懶得現身；待在健身房時，一定會有某些訓練動作你根本不想完成；到了寫作的時間，一定會有某些時候你根本無心打字。但是，在討厭的時候、痛苦的時候、筋疲力盡的時候還是挺身繼續，這就是專業人士與業餘者的差別。

專業人士堅守既定行程，業餘者接受生活的干擾；專業人士知道什麼事情對自己最重要，帶著決心奮力向前，業餘者則讓生活中的緊急事件拽離正軌。

作家兼靜心老師大衛．坎恩鼓勵他的學生不要成爲「看心情的靜心者」。同樣地，你也不會想要成爲看心情的運動員、看心情的寫作者，或是看心情的任何角色。當一項習慣對你眞的很重要，你必須願意在任何心情之下堅持執行。就算心情不對，專業人士還是會採取行動——他們也許不會樂在其中，但會想辦法把該做的事情做完。

我有過很多不想做完的訓練，但我從來不曾後悔健身；我有過很多不想寫的文章，但我從來不曾後悔準時發文；我有過很多只想放鬆的日子，但我從來不曾後悔去做對自己重要的事。

反覆做著一模一樣的事，卻無止境地感受到趣味，就是成就卓越的不二法門。你必須愛上無聊。

本章總覽

- 根據金髮女孩原則，當執行的任務恰好位在當下能力的邊緣，人便會感受到最高程度的動力。
- 成功最大的威脅不是失敗，而是無聊。
- 當習慣變成例行公事，就會變得比較不有趣、比較不令人滿足。我們會無聊。

■動力滿滿時，每個人都能努力打拚。在工作不令人興奮時繼續努力，這種能力才是造就差異的關鍵。

■專業人士堅守既定行程，業餘者接受生活的干擾。

---

❶關於心流狀態下發生的事，我有個偏好的理論。這個理論未經證實，只是我個人的猜測。心理學家常把大腦的運作分為兩種模式：「系統一」與「系統二」。系統一是快速而直覺性的，一般來說，可以很快執行的程序（例如習慣）都由系統一掌管；反之，系統二掌控的是比較費力且緩慢的思考過程，例如計算困難的數學題。論及心流，我喜歡把系統一與系統二想像成思考光譜的兩端。當一個認知過程愈自動化，就愈往系統一那端滑過去；任務愈耗費心力，愈會往系統二那端滑過去。而我相信，心流狀態恰好落在系統一與系統二之間的中點。你運用所有與該任務相關的自動化的、固有的知識，同時也努力面對超出能力之外的挑戰。大腦運作的兩種模式都全面開啓，意識與無意識合作無間。

❷變動獎賞是無意中被發現的。某天在實驗室裡，知名的哈佛大學心理學家史金納在實驗中快用光食物丸了，而製作更多食物丸很耗時間，因為他必須親手把食物丸壓進機器裡。這個狀況讓他自問：「為何老鼠每次壓操作桿的行為都要被增強？」於是他決定間歇性地給老鼠食物丸。令他吃驚的是，食物供給的變動不僅沒有降低行為的動力，反而激勵了行為。

20 建立好習慣的壞處

習慣爲精通創造基礎。下棋時，只有讓基本棋路自動化之後，棋士才能專注於更高層次的棋藝。每記住一組資訊，就爲更需要耗費心力的思考騰出心理空間。這個道理適用於所有技藝。當你熟知簡單的動作，到了不假思索就能執行的程度，就可以把注意力放在更高階的細節上。習慣便是這樣成爲追求任何卓越表現的骨幹。

然而，習慣的益處有其代價。起初，每次的重複都增進了流暢度、速度與技能；但接下來，當習慣變得自動化，你對回饋就變得比較不敏感，落入無意識的重複之中。此時，錯誤就比較容易趁虛而入。當你可以不假思索地把事情做得「夠好」，就不會去思考要怎麼樣才能做得「更好」。

習慣的好處在於讓你可以不經思考行事，壞處則在於讓你習於以特定方式做事情，不再注意到微小的失誤。經驗一直在累積，你就以爲自己一直在進步，其實你只是一直在強化目前的習慣，而不是在改善。事實上，某些研究顯示，一旦精通某項技巧，隨著時間過去，表現反而會有些微**退步**。

通常，這種表現上的微小衰退無須擔心。你不需要打造一套系統來讓自己持續改善刷牙、綁鞋帶或早上泡咖啡的技術，像這樣的習慣，夠好通常就眞的夠好了。在瑣事上耗費的精力愈少，愈能把省下來的力氣花在眞正重要的事情上。

然而，想要讓潛能最大化，追求菁英級的表現，就需要更細膩的做法。你不能盲目重複做一樣的事，卻期待自己變得突出。追求精通，習慣是必要的，但只有習慣並不夠，你需要的是自動化習慣與刻意練習的組合。

習慣＋刻意練習＝精通

想要從「A」到「A+」，某些技巧確實需要自動化。籃球選手必須可以不經思考地運球，才能繼續往下去試著精通以非慣用手上籃；外科醫師必須重複下刀無數次，直到可以閉著眼睛切第一刀，才能專注應付手術期間發生的幾百種變數。但是，精通一項習慣之後，就必須回到工作裡需要耗費心力的部分，開始打造下一項習慣。

精通是一個過程，你在此過程中將焦點鎖定在成功的一個微小元素，不斷重複該技能，直到將其內化，然後以這個新習慣爲基礎，往個人發展的下一個疆界前進。第二

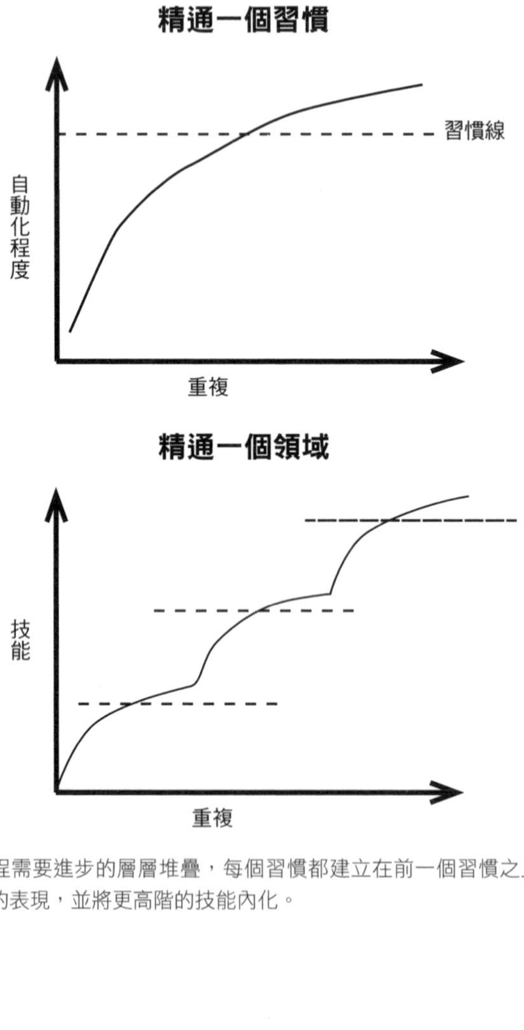

圖16：精通的過程需要進步的層層堆疊，每個習慣都建立在前一個習慣之上，直到達成更高層次的表現，並將更高階的技能內化。

次執行時，舊任務變得比較容易，但整體難度並沒有下降，因爲現在你要把能量投入下一個挑戰中。每個習慣都爲更高層次的表現解鎖，這是個無止境的循環。

縱使習慣的力量強大，你必須找到一個可以對自身表現長久保持覺察的方法，這樣你才能持續精進與改善。就在你開始覺得自己已精通一項技能——事情變得自動化，讓你應付自如——的那個瞬間更須小心，不要踏入自滿的陷阱。

解決辦法？建立一套反省與複查的系統。

如何複查習慣並做出調整

一九八六年的洛杉磯湖人隊堪稱史上最有天分的籃球隊之一，但很少有人如此記得他們。一九八五到八六年的ＮＢＡ球季，他們繳出驚人的開季成績：二十九勝五敗。「專家都說我們可能是籃球史上最強的球隊。」總教練派特．萊里在正規球季結束後如此說道。令人訝異的是，湖人隊在一九八六年的季後賽失足，止步於西區決賽。所謂「籃球史上最強的球隊」連爭奪總冠軍的資格都沒有。

遭受這個沉重的打擊之後，萊里已經厭倦聽到別人說他的球員多有天分、他的球隊多有前途。他不想看到曇花一現的光彩之後，表現的水準節節下降，他想要湖人隊在每個晚上的比賽裡都徹底發揮潛能。一九八六年夏季，他為此打造一個計畫：一個他稱之為「生涯最大努力」（Career Best Effort）的計畫，簡稱為CBE。

萊里解釋道：「球員一加入湖人隊，我們就追蹤他的籃球數據，一路回溯到高中。我把這個稱作『擷取數字』。我們希望可以精確評量一名球員的能力，然後依照球隊所需打造那名球員，所依據的觀點是他不只會維持自己的平均數據，還會追求進步。」

決定一名球員的表現基線之後，萊里加入一個關鍵步驟：他要求每個球員「在球季中讓成績至少進步百分之一，成功的話，就是達成一個CBE，一個『生涯最大努力』」。跟第一章提到的英國自行車協會一樣，湖人隊以每天進步一點點的方式追求巔峰表現。

萊里特別指出，CBE的重點不只在於得分或數據，也包含「在身心靈層面都付出最大努力」。球員拿到CBE分數的方法包括：為了造成進攻犯規而用身體承受進攻球員的撞擊、飛身撲地救球、無論有沒有機會都衝搶籃板球、隊友被進攻球員過了之後幫忙補防，以及其他各種「無名英雄」作為。

以當時湖人隊的明星球員魔術強森為例：假設他在一場比賽中得到十一分，搶下八個籃板，傳出十二次助攻，有兩次抄截，但同時有五次失誤。他還展現了「無名英雄」作爲，飛身撲球一次，所以再加一分。另外，他在這場虛構比賽中上場三十三分鐘。

正面的數字（11＋8＋12＋2＋1）加起來，總共是34。接著，再扣掉五次失誤（34－5），得到29。最後，我們用二十九除以三十三分鐘的上場時間：

29／33＝0.879

魔術強森在這裡的CBE分數就是879。

每一場比賽都會算出每一名球員的CBE分數，而萊里要求球員要讓整季的平均CBE分數進步百分之一。他不只拿每個球員當下的CBE分數與過往表現比較，也跟聯盟其他球員的分數比較。如萊里所言：「我們拿隊上成員與聯盟裡打相同位置或場上角色相仿的球員做比較。」

體育作家潔姬．麥克穆蘭寫道：「每個禮拜，萊里都用粗體字把聯盟頂尖表現球員的名字寫在白板上，以他們的分數來衡量自己陣中同樣位置的球員。可靠而穩定的球員通常能得到六百多分，球星等級的球員則是八百分起跳。生涯繳出一百三十八次大三元的魔術強森常常得到超過一千的高分。」

湖人隊也透過比較歷史上的CBE數據，來強調每年的進步。萊里說：「我們把一九八六年十一月的數據放在一九八五年十一月的數據旁邊，讓球員知道比起上個球季的同一時期，他們的表現是變好或變差。接著，再把一九八六年十二月的數據拿來跟十一月的比較。」

湖人隊在一九八六年十月開始施行CBE計畫，八個月後，他們成爲NBA總冠軍；隔年，萊里帶領球隊再次奪冠，湖人隊成爲NBA二十年來第一支完成二連霸的隊伍。後來，他如此說道：「對任何事業而言，維持努力都是最重要的。成功之道就是學會用正確的方法做事，然後每一次都用同樣的方法做。」

論及反省與複查的力量，CBE計畫是絕佳的範例。湖人隊本來就具備天分，CBE幫助他們善用自己擁有的東西，並確保他們的習慣有所進步，而不是退步。

反省與複查讓所有的習慣都能有長期的改善，因爲這會讓你意識到錯誤，並幫助你思索可能的改善途徑。少了反省，我們會找藉口，試圖合理化，並且欺騙自己。如此一來，就沒有一個過程可以幫助我們決定自己的表現是比昨天更好或更差。

所有領域的佼佼者都會運用各種形式的反省與複查，而且過程不一定要很複雜。肯亞的長跑名將埃利烏德．基普喬蓋是史上最偉大的馬拉松跑者之一，也是奧運金牌得主。每次練習之後，他仍會寫筆記，檢視自己當天的訓練，尋找可以改善之處。同樣地，金牌泳將凱蒂．雷德基以一到十分來記錄自己的健康狀態，包含關於營養攝取與睡眠品質的筆記。此外，她還會記錄其他游泳選手的成績。每週尾聲，教練會檢視她的筆記，並加入自己的想法。

會這樣做的不只運動員。喜劇演員克里斯．洛克在準備新題材時，會先到小型俱樂部表演數十次，測試幾百則笑話。他帶著一本筆記上臺，記下迴響熱烈的句子，以及需要調整的地方。幾個經過測試留下來的殺手級笑料，會成爲他新節目的骨幹。

我知道有些主管與投資人會做「決策日誌」，在裡面記錄每週做的重要決定、做決定的原因，以及期待產出的結果。他們會在月底或年終複查這些選擇，看看哪裡做對、哪裡出錯。

改善不只關乎學習習慣，還關乎微調習慣。反省與複查確保你把時間花在對的事情上，並在需要的時候調整方向——就像萊里每天晚上都調整球員努力的方向。你不會想要持續執行一項已經失去效用的習慣。

我個人主要運用的反省與複查模式有兩種。每年十二月，我會進行一次「年度審核」，反思過去的一年。我爲那年的習慣打分數的方式，是計算自己發表了多少篇文章、健身了多少回、造訪了多少個新地方等等。接著，我透過回答以下三個問題，來反思自己的進步（或缺乏進步）：

1. 今年什麼事情很順利？

2. 今年什麼事情不順利？

3. 我從中學到什麼？

六個月後，當夏季到來，我會進行「誠實報告」。跟每個人一樣，我會犯許多錯，而我的誠實報告讓我明白哪裡出錯，激勵我重回正軌。我運用這段時間重新審視自己的核心價值觀，思考自己是否有依照這些價值觀行事。我會思索自己的身分認同，看看應該如何努力成爲自己想要成爲的那種人。

在每年的誠實報告中，我會問自己三個問題：

1. 驅動我的生活與工作的核心價值觀爲何？

2. 我現在如何誠實地生活與工作？

3. 未來如何設定更高的標準？

這兩份報告不會花太多時間——每年幾個小時而已——卻是精細改進的關鍵時期，避免了在我沒留心注意時逐漸產生的退步。它們每年提醒我重新檢視自己想要的身分認同，思索習慣如何幫助我成爲自己想要成爲的那種人。它們讓我知道何時該讓習慣升級，接受新的挑戰，何時又該降低努力的強度，專注於基本的東西。

反省也帶來正確的觀察方式。日常習慣因爲複利效應而強大，但太在乎每個日常選擇，就像貼著鏡子看鏡中的自己，你會看見所有的小瑕疵，卻忽略整體。回饋太多了。反之，從不檢視自身習慣就像從不照鏡子，你不會察覺可以輕易修正的瑕疵——襯衫上的污漬、牙縫間的食物殘渣。回饋太少了。而週期性的反省與複查則像是從適當的距離看鏡中的自己，可以看見應該做的重要改變，卻不會沒看見整體。你想要觀看整個山脈，而非執著於每個山峰與溪谷。

最後，反省與複查提供了一段理想的時間，讓我們重新檢視行爲改變最重要的一個面向：身分認同。

如何破除妨礙你前進的信念

一開始，爲了累積支持你想要的身分認同的證據，重複習慣是必要的；然而，當你抓住那個新的身分認同不放，同樣的那些信念卻會妨礙你進入下一階段的成長。跟你作對時，你的身分認同會創造出某種「驕傲」，促使你否認自己的弱點，阻止你眞正成長。這就是養成習慣的一大壞處。

一個概念對我們來說愈神聖——也就是與身分認同的連結愈深——我們愈會捍衛它，不接受批評。這種狀況在各行各業都看得見。學校老師無視創新的教學法，堅守行之有年的課程計畫；資深經理堅持「用自己的那一套」做事；外科醫師對年輕同事的想法嗤之以鼻；樂團做紅一張唱片之後便不思長進。愈是緊抓一個身分認同不放，愈難讓自己超越這個身分成長。

解決方法之一，就是**不要讓身分的任何單一面向決定你是誰**。套句投資專家保羅．葛拉罕的話：「讓你的身分保持渺小。」愈是讓單一信念定義自己，愈無法適應生命的挑戰。假如對你來說，擔任球隊的控球後衛或公司的合夥人就是一切，當你失去人生的這個面向，便會從此一蹶不振；假如你是純素食者，但身體狀況逼迫你改變飲食習慣，你會馬上面臨身分認同危機。把一個身分抓得太緊，你就會變得脆弱易碎。失去那一樣東西，你就失去自己了。

大半的年少時光，運動員都是我身分認同的一個主要部分；棒球生涯終結之後，我苦苦找尋自我。倘若你一輩子都以一種方式定義自己，那個身分卻消失了，那麼，你現在是誰？

退伍軍人與退休的企業家也有類似的感覺。當你的身分認同被總結爲一個信念，例如「我是傑出的軍人」，那麼當役期結束時，會發生什麼事？對許多事業有成的老闆來說，他們的身分認同差不多就是「我是執行長」或「我是創辦人」，而當你醒著的每一刻都在拚事業，把公司賣掉之後，你會有什麼感覺？

要減輕身分喪失造成的影響，關鍵就是重新定義自己。如此一來，才能在特定角色改變時，仍保住你身分認同的重要面向。

- 「我是運動員」變成「我是那種心理強悍且熱愛體能挑戰的人」。
- 「我是傑出的軍人」變成「我是那種自律、可靠且擅長團隊合作的人」。
- 「我是執行長」變成「我是那種創造與建立東西的人」。

有效地選擇之後，身分認同可以富有彈性，而非脆弱易碎。如同水流過障礙物，你的身分認同可以適應變動的環境，而非與之衝突。

下面這段引自《道德經》的文字，完美概括了這個概念：

人之生也柔弱，其死也堅強。
萬物草木之生也柔脆，其死也枯槁。

故堅強者死之徒，柔弱者生之徒。
是以兵強則不勝，木強則兵。
強大處下，柔弱處上。

——老子

習慣帶來無數的好處，但壞處就是會把我們鎖進先前的思考與行爲模式中——就算周遭的世界不斷變動。萬物皆無常，生命一直在改變，所以必須定期檢視舊有的習慣與信念是否仍然對自己有用。

缺乏自我覺察是毒藥，反省與複查則是解藥。

本章總覽

■ 習慣的好處在於讓我們可以不經思考行事，壞處則在於讓我們不再注意到微小的失誤。

■ 習慣＋刻意練習＝精通

- 反省與複查是一個讓你對自身表現長久保持覺察的過程。
- 愈是緊抓一個身分認同不放，愈難讓自己超越這個身分成長。

〈結語〉

讓成果永續的祕訣

有個被稱爲「堆垛悖論」的古希臘寓言，講述一個小行爲被重複足夠多次之後所能產生的影響。此悖論的一個說法是這樣的：一枚硬幣可以讓人致富嗎？假如你給某人十枚硬幣，你不能說這個人有錢；但是，如果再添一枚呢？再一枚呢？再一枚呢？到了某個時間點，你不得不承認，一枚硬幣確實可以讓人致富。

同樣的道理也適用於原子習慣。一個小改變可以顛覆你的人生嗎？你不太可能給出肯定的答案。但假如你再做了一個小改變呢？再一個呢？再一個呢？到了某個時間點，你不得不承認自己的人生被一個小改變顛覆了。

習慣改變的聖杯並非單一一次百分之一的進步，而是上千次的累積。一連串原子習慣堆疊在一起，每一個都是整體系統的基本單位。

一開始，小進步或小改善可能看似毫無意義，因爲很容易被系統的重量沖掉。就像一枚硬幣不會讓人致富，一個正面改變，例如每天靜心一分鐘或閱讀一頁書，也不太可能造成值得注意的差別。

然而，當小改變持續層層疊加，人生的天秤就會開始傾斜。每一次的進步或改善都像在天秤正面的那一端放上一粒沙子，慢慢讓事情倒向對你有利的那一方。若能堅持下去，最後，你會抵達一個轉捩點。突然間，堅持好習慣變得輕而易舉。系統的重量不再對你不利，而是爲你所用。

在這整本書裡，我們讀到數十位頂尖人士的故事：奧運金牌得主、獲獎的藝術家、企業領導人、拯救人命的醫生和喜劇明星都運用微小習慣的科學，來精通自身技藝，躍上所處領域的頂峰。本書提到的所有個人、團隊及公司面對的狀況不同，但最終都以相同的方式成長：致力於持續不懈地創造微小的進步或改善。

成功不是一個拿來達成的目標，或是一條拿來越過的終點線。我在第一章提到：「如果你覺得改變習慣很難，問題不在你，而在你的系統。惡習一再復萌，並非因爲你不想改變，而是因爲你的系統不適合改變。」

隨著本書接近尾聲，我希望成眞的是這段話的相反。手握行爲改變四法則，你就擁有一組工具與策略，可以用來建立更好的系統及塑造更好的習慣。有時你很難記住某個習慣，就需要「讓提示顯而易見」；有時你會缺乏起頭的動力，就需要「讓習慣有吸引力」；許多時候，你也許會覺得某個習慣太過困難，就需要「讓行動輕而易舉」；有時候，你不想堅持下去，就需要「讓獎賞令人滿足」。

這是一個連續的過程，沒有終點線，沒有永遠的解決之道。每當你想要有所進步或改善，都可以輪番運用行爲改變四法則，直到遭遇下一個瓶頸。讓提示顯而易見，讓習慣有吸引力，讓行動輕而易舉，讓獎賞令人滿足，一輪又一輪，持續尋找讓你獲得百分之一的進步的下一個方法。

讓成果永續的祕訣，就是永不停止追求進步或改善。

若不停止，就能打造非凡。

若不停止打拚，就能打造非凡的事業。

若不停止訓練，就能打造非凡的體魄。

若不停止學習，就能打造非凡的學養。

若不停止儲蓄，就能打造非凡的財富。

若不停止關懷，就能打造非凡的友誼。

小習慣不只會累積，還有複利效應。

這就是原子習慣的力量：微小改變，非凡成果。

在這端的行為是毫不費力的	在這端的行為是困難的
顯而易見	隱而不現
有吸引力	毫無吸引力
輕而易舉	困難無比
令人滿足	令人不滿

圖17：你想要透過讓好習慣顯而易見、有吸引力、輕而易舉且令人滿足，將之推向光譜的左端。同時，你想要藉由讓壞習慣隱而不現、毫無吸引力、困難無比且令人不滿，把它推向光譜的右端。

〈附錄〉

來自行爲改變四法則的一些啓示

在這本書裡，我介紹了人類行爲的四階段模型：提示、渴望、回應、獎賞。這個架構不只教我們如何創造新習慣，也透露了關於人類行爲的一些有趣洞見。

問題階段		解決方案階段	
1. 提示	2. 渴望	3. 回應	4. 獎賞

在附錄這個單元，我收集了一些符合這個模型的小啓示（包含一些常識）。提出這些例子的目的是想讓大家清楚知道，在描述人類行爲時，這個架構的涵蓋面之廣、實用性之高。一旦了解這個模型，在每個地方都會看見範例。

■ **覺察早於欲望：**爲提示賦予意義之後，才會產生渴望。大腦建造出一份情緒或感覺，來描述當下的情境。這表示只有在注意到一個機會之後，渴望才會發生。

■ **快樂就是無欲無求：**當你觀察到一個提示，卻沒有產生改變自身狀態的欲望，那你就是滿足於當下的處境。快樂並非關乎獲得愉悅感（也就是喜悅或滿足），而是關乎欲望的不存在。當你沒有強烈的渴望想要獲得不同的感覺，快樂就會到來。快樂就是你不再想要改變自身狀態時，所進入的狀態。

然而，快樂倏忽即逝，因爲新的欲望必會出現。如凱德·布德里斯所言：「快樂就是一個欲望被滿足與新的欲望形成之間的空檔。」同理，受苦就是渴求狀態改變與達成改變之間的空檔。

■ **我們追求的是愉悅的「概念」：**我們尋求自己在心裡製造出來的愉悅的形象。在行動當下，我們並不知道獲得那個形象會怎樣（甚至不知道那能否滿足我們），滿足感只會在之後到來。這就是奧地利神經學家維克多·弗蘭克所說的：「快樂無法被求得，它是隨之而來的。」欲望是求得的，而愉悅緊接著行動發生。

■ **平靜就是不把觀察結果變成問題：**任何行爲的第一步都是觀察。你注意到一個提示、一些資訊、一個事件，如果沒有因此採取行動的欲望，就能感覺平靜。

渴望就是想要修正。觀察而沒有渴望，就是明白自己不需要修正任何事。你的欲望沒有氾濫，你並不渴求改變現狀。你的心智沒有製造一個需要解決的問題，你只是觀察著、存在著。

■ **夠大的「為何」可以克服所有的「如何」：**德國哲學家兼詩人尼采寫過一句名言：「知道自己爲何而活，就能忍受任何活法。」這句話隱含一個關於人類行爲的重要眞相。若有足夠強大的動機和欲望（也就是你「爲何」行動），就算非常艱難，你仍會採取行動。強大的渴望驅動強大的行爲——無論阻力多大。

■ **聰明不如好奇：**擁有動機與好奇心比聰明有用，因爲會帶來行動。光是聰明，永遠不會產生成果，因爲聰明無法讓你行動。刺激行爲的是欲望，不是智力。如企業家兼投資人納瓦爾．拉威康特所言：「做任何事的要訣就是先培養對那件事的欲望。」

■ **情緒驅動行為：**每個決定在某種程度上，都是情緒的決定。無論採取行動的邏輯原因爲何，只有情緒能讓你產生採取行動的衝動。事實上，大腦情緒中樞受損的人可以列出一堆採取行動的理由，但還是不會去做，因爲他們沒有促使自己採取行動的情緒。這就是爲什麼渴望先於回應出現。感覺先出現，接著才是行爲。

■ **只有在情緒之後才可能有理性與邏輯：**大腦的首要模式是感覺，次要模式才是思考。我們的首要回應——大腦裡快速而無意識的部分——專門用來感覺與預測，次要回應——大腦裡慢速而有意識的部分——才是負責思考的部位。心理學家將其稱爲「系統一」（感覺與快速判斷）與「系統二」（理性分析）。感

辦法。

快樂是相對的。剛開始公開分享自己寫的東西時，我花了三個月才得到一千名訂閱者。一達到那個里程碑，我馬上通知父母與女友，跟他們一起慶祝。我覺得興奮，熱血沸騰。幾年之後，我知道每天都會新增一千名訂閱者，卻沒有想要告訴任何人。我心如止水。我達到相同成果的速度是以前的九十倍，體驗到的愉悅感卻不增反減。過了幾天我才發現，完全不想慶祝這對幾年前的我而言是個白日夢的事情，有多荒唐。

■ **期望愈高，失敗的痛苦愈大：**當欲望高漲，結果卻不令人喜愛，感覺很傷。比起得不到本來就不太在意的東西，得不到想要的東西會帶來更大的傷害。所以人們才會說：「別抱太大的期待。」

■ **行為前後都會產生感覺：**行動之前，會有激勵你採取行動的感覺——渴望。行動之後，會有教你在未來重複該行動的感覺——獎賞。

提示→渴望（感覺）→回應→獎賞（感覺）

感覺影響行爲，行爲也影響感覺。

■ **欲望負責啓動，愉悅感負責維持：**驅動行爲的兩大因子是「想要」與「喜歡」。一件事若無法引起你的欲望，你就沒有去做的理由——欲望與渴望啓動行爲。然而，若該行爲不讓人覺得愉快、享受，你就沒有理由重複去做——愉悅與滿足感維持行爲。動機讓你行動，成功的感覺讓你重複。

■希望隨著經驗下降，然後被接受取代：一個機會第一次出現時，你會對它的各種可能性抱持希望。你的期待（渴望）純粹奠基於「前景」。到了第二次，你的期待受現實所限，你開始了解整個過程是如何運作的，對可能結果的精確預測與接受逐漸取代了希望。

我們之所以不斷尋覓最新的快速致富法或減重法，這就是原因之一。新的計畫帶來希望，因爲還沒有任何經驗可以限制我們的期待。新策略之所以感覺比舊策略吸引人，是因爲它們可以帶來無窮的希望。亞里斯多德寫道：「年輕人容易上當，因爲很容易抱持希望。」也許可以把這句話改成：「年輕人容易上當，因爲只會抱持希望。」沒有任何經驗可以讓你的期待扎根，所以一開始，希望是你僅有的東西。

國家圖書館出版品預行編目資料

原子習慣：細微改變帶來巨大成就的實證法則／詹姆斯．克利爾（James Clear）著；蔡世偉 譯 .-- 初版 .-- 臺北市：方智，2019.6
304面；14.8×20.8 公分 --（生涯智庫；170）
譯自：Atomic Habits: An Easy & Proven Way to Build Good Habits & Break Bad Ones
ISBN 978-986-175-526-7（平裝）

1. 習慣 2. 生活指導 3. 成功法

176.74 108005755

Eurasian Publishing Group 圓神出版事業機構
方智出版社 Fine Press

www.booklife.com.tw
reader@mail.eurasian.com.tw

生涯智庫 170

原子習慣：細微改變帶來巨大成就的實證法則

作　　者／詹姆斯．克利爾（James Clear）
譯　　者／蔡世偉
發 行 人／簡志忠
出 版 者／方智出版社股份有限公司
地　　址／台北市南京東路四段50號6樓之1
電　　話／（02）2579-6600．2579-8800．2570-3939
傳　　真／（02）2579-0338．2577-3220．2570-3636
總 編 輯／陳秋月
副總編輯／賴良珠
責任編輯／黃淑雲
校　　對／黃淑雲．賴良珠
美術編輯／李家宜
行銷企畫／詹怡慧．王莉莉
印務統籌／劉鳳剛．高榮祥
監　　印／高榮祥
排　　版／杜易蓉
經 銷 商／叩應股份有限公司
郵撥帳號／18707239
法律顧問／圓神出版事業機構法律顧問　蕭雄淋律師
印　　刷／祥峰印刷廠
2019年6月　初版
2024年9月　220刷

定價 330 元　　ISBN 978-986-175-526-7